Caprice Birker

Tierische Freunde

Stricken Sie Vierbeiner aus Zoo, Bauernhof und Fabelwelt!

Liebe Leserin, Lieber Leser!

Auf meinem Arbeitstisch sitzt eine Maus ...

Meine große Begeisterung für das Stricken an sich und für Garne im Besonderen hat zu einer leichten „Woll-Sucht" geführt (und ich bin mir sehr sicher, dass ich nicht die Einzige bin ...). Langsam entwickle ich „freundschaftliche Beziehungen" zu meinen Lieblingsgarnen.

Vor einiger Zeit nun fiel mir ein schönes, weiches braunes Garn in die Hände und plötzlich saß dann diese Woll-Maus auf meinem Arbeitstisch. Ein Bein etwas länger als das andere, ein Ohr größer als das andere. Ein Prototyp eben, aber schon ein echter Freund!
Noch während des Entstehens wurde mir klar, dass sich noch mehr Freunde in meinem Garnvorrat befanden.

So entstanden nacheinander die ersten Tiere.
Es war für mich spannend zu sehen, wie sich ein Tier nach dem anderen, aus einer Baukasten-Idee heraus, zu einem individuellen Freund entwickelt hat.

Untereinander haben sich schnell „Tierische Freundschaften" gebildet.
Aber auch in der „Menschenwelt" haben die Tiere sehr bald neue Freunde in meinem Familien- und Freundeskreis gefunden.

Ich möchte mich ganz besonders bei meinen beiden Töchtern bedanken, die mich mit vielen begeisterten „oh wie süß!"-Ausrufen, wertvollen Tipps und bei der Namesgebung der Tiere unterstützt haben.

Ich würde mich freuen, wenn meine Freunde auch Ihre Freunde werden und wünsche Ihnen viel Vergnügen beim Nachstricken.

Mit handgestrickten Grüßen

INHALT

- 6 BEVOR ES LOSGEHT
- 8 STRICKSCHRIFTERKLÄRUNG
- 9 DAS BAUKASTEN-PRINZIP
- 10 BAUSTEIN KÖRPER
- 13 BAUSTEIN HINTERKOPF
- 14 BAUSTEIN BEINE & FÜSSE
- 17 BAUSTEIN ARME & BEINE
- 22 DIE SCHWÄNZCHEN
- 23 BAUSTEIN AUGENPARTIE
- 24 BAUSTEIN GROSSNASE
- 25 BAUSTEIN SPITZNASEN-GESICHT
- 27 DIE OHREN
- 29 DIE AUGEN UND NASEN

DIE TIERISCHEN FREUNDE

- 32 ROSALIE SCHWEINCHEN & ALFRED AFFE
- 40 MERLE MAUS & ENGELBERT ELEFANT
- 48 FRODO FROSCH & MANNI MAULWURF
- 54 ZECILIA ZEBRA & LEANDER LÖWE
- 60 SHEPARD SCHAF & PJOTR WOLF
- 68 FRED PFERD & ELSBETH ESEL
- 76 FREDERIK FUCHS & HASI HASE
- 84 KATER KARLO & HUND AMY
- 92 TONI BÄR & PANDA BÄR
- 98 EINI EINHORN & DRACHE LII-CI

Bevor es losgeht

Bevor Sie zu Nadeln und Garn greifen und sich ans Stricken Ihres ersten tierischen Freundes machen, sollten Sie die folgenden Hinweise unbedingt lesen. Sie enthalten generelle Tipps und Erläuterungen, die für das Verständnis der Anleitungen und die Fertigung jedes einzelnen Tieres unerlässlich sind.

Angaben für die einzelnen Nadeln des Nadelspiels

Die Bausteine, aus denen sich die Tiere zusammensetzten, werden auf dem Nadelspiel rund gestrickt. Nur manche Ohren werden in Hin- und Rückreihen gestrickt. Die Anleitungen für die einzelnen, rund gestrickten Bausteine werden allerdings unterschiedlich beschrieben.

Bei einigen Bausteinen oder Abschnitten gilt für die Anleitung und die Strickschrift:
- Die Angaben werden für die 1. Nadel beschrieben und auf den übrigen 3 Nadeln des Nadelspiels wiederholt.

Bei anderen Bausteinen gilt für die Anleitung und die Strickschrift:
- 1. + 2. Nadel = 1. Nadel, 3. + 4. Nadel = 2. Nadel.

Es werden die Maschen der 1. Nadel beschrieben und auf der 2. Nadel wiederholt, obwohl mit dem ganzen Nadelspiel gearbeitet wird.
- Bei den meisten Gesichtern werden alle zu strickenden Maschen beschrieben. Daher werden zu Beginn jeder Anleitung oder der Strickschrift die unterschiedlichen Anleitungshinweise genannt. Auch innerhalb einer Anleitung (z.B. für ein Gesicht) können die Anleitungshinweise wechseln.

Vernähen

Die Fäden sollten immer rechtzeitig vor dem Abnehmen (Verkleinern) oder Ausstopfen vernäht werden. Oft reicht es aus, den Faden nach innen durch die Füllwatte zu ziehen.

Füllwatte

Die Tiere werden mit Füllwatte ausgestopft. Bevor die Gesamtmaschenzahl zu gering wird, am Ende der Beine/Füße bzw. Arme/Hände, immer an das Ausstopfen mit Füllwatte denken. Dies wird in den Anleitungen für die Bausteine beschrieben, allerdings in den individuellen Anleitungen für die Tiere nicht extra erwähnt. Generell gilt:
- Beine und Arme werden direkt bei der Fertigstellung ausgestopft.
- Die Schnittstellen dienen gleichzeitig auch als Gelenke und werden nicht mit Füllwatte ausgestopft.
- Bei besonders schmalen Armen und Beinen hilft es, die Füllwatte mit der Spitze eines Bleistifts einzustopfen.
- Werden die Schwänzchen ausgestopft, wird dies in der individuellen Anleitung beschrieben.
- Der Körper und das Gesicht werden erst kurz vor Fertigstellung des jeweiligen Gesichts ausgestopft.
- Die Ohren werden nie mit Füllwatte ausgestopft.

Garne und Nadelstärken

- Alle Tiere sind mit Sockengarn, bzw. mit Garn in vergleichbarer Stärke gearbeitet.
- Es werden Nadelspiele von 2,25 mm bis 2,5 mm verwendet.
- Das Bauskasten-Prinzip lässt sich problemlos auf andere Garnstärken übertragen, als Beispiel hierfür sind die „Zwei Freunde aus dem Zauberland" mit einem dickeren Garn und Nadelspiel 3,0 mm gestrickt.

Runden und Reihen

Es ist sinnvoll einen Reihen- bzw. Rundenzähler zu benutzen.

Besondere Beschreibungen

Die Maschenaufteilung wird von der 1. zur 4. Nadel gelesen.
Beispiel: 9/12/9/10
Dies bedeutet: 9 Maschen/1. Nadel, 12 Maschen/2. Nadel, 9 Maschen/3. Nadel, 10 Maschen/4. Nadel.
Die Strickschriften stellen die Nadeln von rechts nach links gelesen dar.

Am Ende einer Runde, in der Maschen zu- oder abgenommen werden, wird die Maschenaufteilung auf allen (3 oder 4) Nadeln gezeigt, sowie nach dem Ist-Gleich-Zeichen die Gesamtmaschenzahl, abgekürzt GM. Dies dient zur Orientierung, an welcher Stelle beim Stricken man sich befindet, bzw. es ist hilfreich, falls nicht auf allen Nadeln gleichmäßig Maschen zu- oder abgenommen werden.
Beispiel:
3. Runde: 13 + 12 Maschen stricken, * 1 Masche stricken, 2 Maschen zusammenstricken *, von * bis * noch 5 x wiederholen, 1 Masche stricken, 12 Maschen stricken. 13/12/13/12 = 50 GM.

Auch neben den Runden/Reihen in der Strickschrift wird die Gesamtmaschenzahl (GM) für alle Nadeln in der entsprechenden Runde/Reihe angegeben.

Werden Maschen umverteilt oder wird über mehrere Runden (oder Reihen) nur ein Teil der Gesamtmaschen gestrickt, wird die gesamte Maschenzahl für diese Maschen mit M angegeben.

Bei den Anleitungen für Runden können die zu strickenden Maschen mit einem Plus-Zeichen beschrieben werden. Dies dient zur Orientierung, auf welcher Nadel eine Anweisung beschrieben wird.
Beispiel: 5 Maschen stricken, 2 Maschen zusammenstricken, 3 Maschen stricken, 2 Maschen zusammenstricken, 5 + 5 Maschen stricken. 5/5/5/5 = 20 GM.
Dies bedeutet: *1. Nadel:* 5 Maschen stricken. *2. Nadel:* 2 Maschen zusammenstricken, 3 Maschen stricken, 2 Maschen zusammenstricken. *3. Nadel:* 5 Maschen stricken. *4. Nadel:* 5 Maschen stricken.

Verkürzte Runden oder Reihen stricken

Werden innerhalb einer Reihe oder Runde Maschen in Hin- und Rückreihen gestrickt, ist es wichtig, den Faden um die nächste (nicht zu strickende) Masche zu schlingen, um eine Lochbildung zu vermeiden. Dies gilt nicht für die verkürzten Reihen des Käppchens beim Baustein **Hinterkopf**.
Beispiel: 3 Maschen stricken, die nächsten 6 Maschen rechts-links-rechts stricken, 3 Maschen stricken.

Dies bedeutet: Es werden 3 Maschen rechts gestrickt, dann 6 Maschen rechts stricken, den Faden um die nächste Masche schlingen, die Arbeit wenden, 6 Maschen links stricken, den Faden um die nächste Masche schlingen, Arbeit wenden, 6 Maschen rechts stricken, 3 Maschen rechts stricken.

Werden Maschen innerhalb einer Runde rechts-links-rechts gestrickt, erzeugt dies eine gewünschte Rundung des entsprechenden Abschnitts (z. B. bei der Rute Hund).

Allgemein

Die Tiere werden alle glatt rechts gestrickt, daher steht Stricken für Rechts stricken.
Wird in Hinreihen/-runden rechts und Rückreihen/-runden links gestrickt, wird dies extra beschrieben.

Maschen werden verschränkt aus dem Querfaden zugenommen.
Garn- bzw. Farbwechsel werden im Text und in der Strickschrift angegeben.

ZEICHENERKLÄRUNG

- ☐ = 1 Masche rechts
- ⊟ = 1 Masche links
- = 2 Maschen rechts zusammenstricken
- = 3 Maschen rechts zusammenstricken
- = 2 Maschen links zusammenstricken
- = 3 Maschen links zusammenstricken
- = 1 Masche rechts verschränkt aus dem Querfaden zunehmen
- = 1 Masche links verschränkt aus dem Querfaden zunehmen
- = aus 1 Masche 2 Maschen herausstricken: 1 Masche rechts, 1 Masche rechts verschränkt
- = 2 Maschen rechts stricken
- = 1 Masche links, 1 Masche rechts stricken
- = 1x rechts stricken, 1x links stricken, 1x rechts stricken
- RB = Rundenbeginn
- ● = 1 Masche aus dem Strickgut aufnehmen
- ■ = 1 stillgelegte Masche im Strickgut
- = 1 stillgelegte Masche in verkürzten Reihen oder Runden

DAS BAUKASTEN-PRINZIP

Die Tierischen Freunde werden nach dem Baukasten-Prinzip gearbeitet. Jedes Tier wird in einem Stück gestrickt, setzt sich aber aus mehreren gleichen Bausteinen und dem individuellen Gesicht zusammen. Bei jedem Tier gleich sind die Bausteine **Körper**, **Hinterkopf**, **Bein**, **Füße** (mit 2 Varianten), **Arm** und **Hände** (mit 4 Varianten). Für die Gesichter gibt es den Baustein **Augenpartie**, der bei mehreren Tieren gestrickt wird, bevor die individuelle Nase, bzw. Schnauze, gearbeitet wird.

Es gibt zwei Bausteine für die Gesichter, **Großnasen-Gesicht** und **Spitznasen-Gesicht**, die man jedem Tier als Nase, bzw. Gesicht, stricken könnte. Die meisten Tiere bekommen ihr individuelles Gesicht. Für die **Ohren** und den jeweiligen **Schwanz** werden individuelle Anleitungen beschrieben.

Die Reihenfolge:

- Zuerst wird der **Körper** mit **Hinterkopf** in einem Stück gestrickt. Die Schnittstellen für Arm-, Bein- und Schwanz-Ansatz sind immer gleich. Für diese Schnittstellen werden direkt am Baustein **Körper** Maschen eingearbeitet und stillgelegt. Diese Maschen werden dann, wenn **Körper** und **Hinterkopf** gestrickt sind, aufgenommen und als Beine mit Füßen bzw. Arme mit Händen fertig gestrickt.
- Dann strickt man den jeweiligen **Schwanz**.
- Erst dann wird das individuelle **Gesicht** gestrickt.
- Als letztes strickt man die **Ohren**.
- Zum Schluss werden die **Augen** und die **Nase** aufgestickt.

Es ist wichtig, die Reihenfolge einzuhalten, weil es schwieriger ist, Arme, Beine und Schwanz an einen ausgestopften Körper anzustricken.

Baustein Körper

Material
- Nadelspiel mit 5 Stricknadeln
- 10 Sicherheitsnadeln

Der Anfang jedes Tieres ist die Mitte der Sitzfläche. Die Tiere werden glatt rechts in Runden gestrickt. In der 1.–11. Runde werden die Angaben für die 1. Nadel beschrieben, diese werden auf den übrigen 3 Nadeln wiederholt. Für den Körper 4 x 2 Maschen auf dem Nadelspiel anschlagen.

1. Runde: Zur Runde schließen und stricken = 8 GM.
2. Runde: 1 Masche stricken, 1 Masche zunehmen, 1 Masche stricken = 12 GM.
3. Runde: Stricken.
4. Runde: 1 Masche stricken, 1 Masche zunehmen, 1 Masche stricken, 1 Masche zunehmen, 1 Masche stricken = 20 GM.
5. Runde: Stricken.
6. Runde: 1 Masche stricken, 1 Masche zunehmen, 3 Maschen stricken, 1 Masche zunehmen, 1 Masche stricken = 28 GM.
7. Runde: Stricken.
8. Runde: 1 Masche stricken, 1 Masche zunehmen, 5 Maschen stricken, 1 Masche zunehmen, 1 Masche stricken = 36 GM.
9. Runde: Stricken.
10. Runde: 1 Masche stricken, 1 Masche zunehmen, 7 Maschen stricken, 1 Masche zunehmen, 1 Masche stricken = 44 GM.
11. Runde: Stricken.
Ab der 12. Runde werden alle Maschen auf allen Nadeln beschrieben.
12. Runde: *1. Nadel:* 1 Masche stricken, 1 Masche zunehmen, 9 Maschen stricken, 1 Masche zunehmen, 1 Masche stricken. *2. Nadel:* 1 Masche stricken, 1 Masche zunehmen, 10 Maschen stricken. *3. Nadel:* Wie 1. Nadel stricken. *4. Nadel:* 10 Maschen stricken, 1 Masche zunehmen, 1 Masche stricken.
Maschenaufteilung: 13/12/13/12 = 50 GM.
13.– 14. Runde: Alle Maschen glatt rechts stricken.

In der 15. und 18. Runde werden auf der 1. Nadel Maschen für den Schwanz eingearbeitet, auf den übrigen 3 Nadeln werden Maschen für die Beine eingearbeitet.

15. Runde:
1. Nadel: 4 Maschen stricken, aus den nächsten 5 Maschen jeweils 2 Maschen herausstricken, 4 Maschen stricken = 18 M.
2. Nadel: 10 Maschen stricken, aus den nächsten 2 Maschen jeweils 2 Maschen herausstricken =14 M.
3. Nadel: Aus den nächsten 4 Maschen jeweils 2 Maschen herausstricken, 5 Maschen stricken, aus den nächsten 4 Maschen jeweils 2 Maschen herausstricken = 21 Maschen.
4. Nadel: Aus den nächsten 2 Maschen jeweils 2 Maschen herausstricken, 10 Maschen stricken = 14 Maschen.
Maschenverteilung: 18/14/21/14 = 67 GM.
16. Runde: Über alle Maschen möglichst fest glatt rechts stricken. Dann die Beinansatz-Maschen (2 Sicherheitsnadeln) und die Schwanzansatz-Maschen (1 Sicherheitsnadel) stilllegen.
Das geht so:
1. Nadel: 4 Maschen auf Stricknadel überheben, * 1 Masche auf 1. Sicherheitsnadel stilllegen, 1 Masche auf Stricknadel überheben *, von * bis * mit den nächsten 4 Doppelmaschen ebenso verfahren, 1.Sicherheitsnadel schließen, dann 4 Maschen auf Stricknadel überheben.
2. Nadel: 10 Maschen auf Stricknadel überheben, 1 Masche auf 2. Sicherheitsnadel stilllegen, 1 Masche auf Stricknadel überheben, 1 Masche auf Sicherheitsnadel stilllegen, 1 Masche auf Stricknadel überheben.
3. Nadel: * 1 Masche auf Sicherheitsnadel stilllegen, 1 Masche auf Stricknadel überheben *, von * bis * mit den nächsten 3 Doppelmaschen ebenso verfahren, 2. Sicherheitsnadel schließen, dann 5 Maschen auf Stricknadel überheben, ** 1 Masche auf 3. Sicherheitsnadel stilllegen, 1 Masche auf Stricknadel überheben **, von ** bis ** mit den nächsten 3 Doppelmaschen ebenso verfahren.

4. Nadel: 1 Masche auf Sicherheitsnadel stilllegen, 1 Masche auf Stricknadel überheben, 1 Masche auf Sicherheitsnadel stilllegen, 1 Masche auf Stricknadel überheben, 3. Sicherheitsnadel schließen, 10 Maschen auf Stricknadel überheben.

Maschenaufteilung: 13/12/13/12 = 50 GM.

In dieser Runde stillgelegte Maschen auf den 3 Sicherheitsnadeln: Schwanz 1 x 5 Maschen, Beine: 2 x 6 Maschen.

17. Runde: Möglichst fest glatt rechts stricken.

18. Runde: Wie die 15. Runde stricken.

19. Runde: In dieser Runde werden die 1. Maschen der Doppelmaschen, die später auf Sicherheitsnadeln stillgelegt werden, LINKS abgestrickt. Nur so fügen diese Maschen sich in das Bild des glatt rechts gestrickten Körpers ein.

1. Nadel: 4 Maschen stricken, * 1 Masche links stricken, 1 Masche rechts stricken *, von * bis * noch 4 x wiederholen, 4 Maschen rechts stricken.

2. Nadel: 10 Maschen rechts stricken, 1 Masche links stricken, 1 Masche rechts stricken, 1 Masche links stricken, 1 Masche rechts stricken.

3. Nadel: * 1 Masche links stricken, 1 Masche rechts stricken*, von * bis * noch 3 x wiederholen, 5 Maschen rechts stricken, ** 1 Masche links stricken, 1 Masche rechts stricken **, von ** bis ** noch 3 x wiederholen.

4. Nadel: 1 Masche links stricken, 1 Masche rechts stricken, 1 Masche links stricken, 11 Maschen rechts stricken.

Dann die LINKS gestrickten Maschen auf 3 Sicherheitsnadeln stilllegen. Dabei in gleicher Weise wie nach der 16. Runde verfahren.

Maschenaufteilung: 13/12/13/12 = 50 GM.

In dieser Runde stillgelegte Maschen auf den 3 Sicherheitsnadeln: Schwanz 1 x 5 Maschen, Beine: 2 x 6 Maschen.

20. Runde: Möglichst fest glatt rechts stricken.

21.–32. Runde: Rechts stricken.

33. Runde: *1. Nadel:* 1 Masche stricken, 2 Maschen zusammenstricken, 7 Maschen stricken, 2 Maschen zusammenstricken, 1 Masche stricken. *2. Nadel:* 1 Masche stricken, 2 Maschenzusammenstricken, 9 Maschen stricken. *3. Nadel:* Wie 1. Nadel stricken. *4. Nadel:* 9 Maschen stricken, 2 Maschen zusammenstricken, 1 Masche stricken.

Maschenverteilung: 11/11/11/11 = 44 GM.

34. + 35. Runde: Stricken.

In der 36. und 39. Runde werden auf der 2. und 4. Nadel die Maschen für die Arme eingearbeitet.

36. Runde:

1. + 3. Nadel: 1 Masche stricken, 2 Maschen zusammenstricken, 5 Maschen stricken, 2 Maschen zusammenstricken, 1 Masche stricken.

2. + 4. Nadel: 1 Masche stricken, 2 Maschen rechts zusammenstricken, aus den nächsten 5 Maschen jeweils 2 Maschen herausstricken, 2 Maschen zusammenstricken, 1 Masche stricken.

Maschenverteilung: 9/14/9/14 = 46 GM.

37. Runde: Möglichst fest glatt rechts stricken.

Dann die Armansatz-Maschen, in gleicher Weise wie die Beinansatz-Maschen, auf 2 Sicherheitsnadeln stilllegen.

Das geht so:

2. + 4. Nadel: 2 Maschen auf Stricknadel überheben, * 1 Masche auf Sicherheitsnadel stilllegen, 1 Masche auf Stricknadel überheben *, von * bis * mit den nächsten 4 Doppelmaschen ebenso verfahren, Sicherheitsnadel schließen, 2 Maschen auf Stricknadel überheben.

Maschenverteilung: 9/9/9/9 = 36 GM.

In dieser Runde stillgelegte Maschen auf Sicherheitsnadeln: Arme 2 x 5 Maschen.

38. Runde: Stricken.

39. Runde:

1. + 3. Nadel: 1 Masche stricken, 2 Maschen zusammenstricken, 3 Maschen stricken, 2 Maschen zusammenstricken, 1 Masche stricken.

2. + 4. Nadel: 2 Maschen zusammenstricken, aus den nächsten 5 Maschen jeweils 2 Maschen herausstricken, 2 Maschen zusammenstricken.

Maschenverteilung: 7/12/7/12 = 38 GM.

40. Runde:

1. + 3. Nadel: Alle Maschen fest rechts stricken.

2. + 4. Nadel: 1 Masche rechts, * 1 Masche links, 1 Masche rechts *, von * bis * noch 4 x wiederholen, 1 Masche rechts stricken.

Dann die LINKS gestrickten Maschen auf 2 Sicherheitsnadeln stilllegen. Dabei in gleicher Weise wie nach der 37. Runde verfahren.

Maschenverteilung: 7/7/7/7 = 28 GM.

In dieser Runde stillgelegte Maschen auf Sicherheitsnadeln: Arme 2 x 5 Maschen.

41. Runde: Möglichst fest glatt rechts stricken.

42. Runde: Stricken.

43. Runde: * 1 Masche stricken, 2 Maschen zusammenstricken, 1 Masche stricken, 2 Maschen zusammenstricken, 1 Masche stricken *, von * bis * auf den übrigen 3 Nadeln wiederholen = 5/5/5/5 = 20 GM.

44.–47. Runde: Stricken.

Bis hierhin ist der Körper mit Hals gestrickt.

Strickschrift Baustein Körper

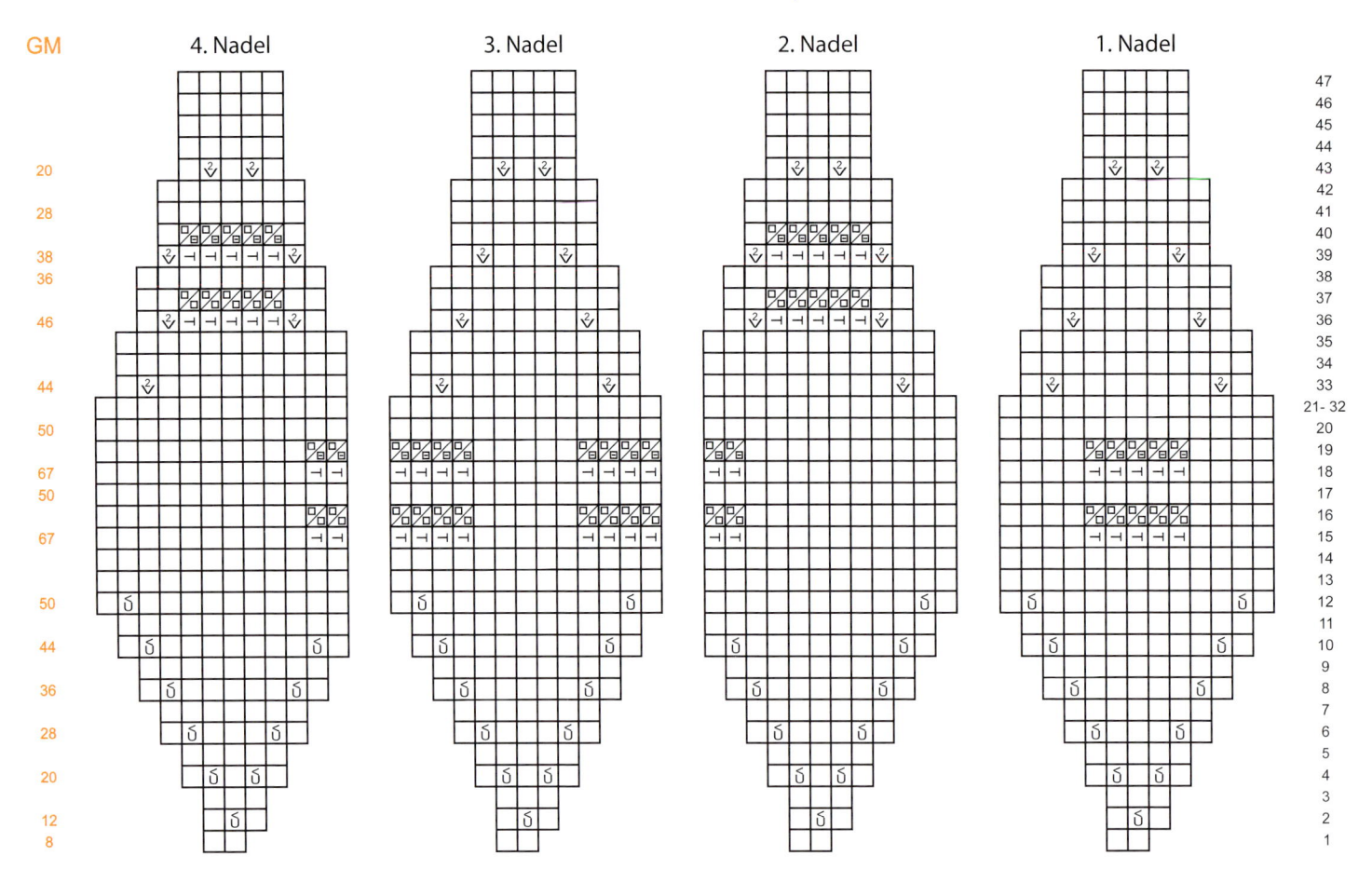

Die Strickschriften Körper 1.–4. Nadel stellen jeweils die Maschen einer Nadel dar.

Baustein Hinterkopf

Es werden 2 Sicherheitsnadeln benötigt. Der **Hinterkopf** wird direkt nach der 47. Runde ab Baustein **Körper** weitergestrickt.

Maschenverteilung: 5/5/5/5 = 20 GM.

Rundenbeginn: 1. Masche/1. Nadel.

Die Angaben werden für die 1. Nadel beschrieben, und auf den übrigen 3 Nadeln wiederholt.

1. Runde: * 1 Masche stricken, 1 Masche zunehmen *, von * bis * noch 3 x wiederholen, 1 Masche stricken.

Maschenverteilung: 9/9/9/9 = 36 GM.

2. Runde: Stricken.

Es werden alle Maschen auf allen Nadeln beschrieben.

3. Runde: 9 + 9 + 9 + 4 Maschen stricken.

Dann für den eigentlichen **Hinterkopf** die Maschen umverteilen bzw. stilllegen:

Für den **Hinterkopf**: 5.–9. Masche/4. Nadel, 9 Maschen/1. Nadel, 1.–5. Masche/2. Nadel = auf 1 Nadel nehmen = 19 Maschen.

Auf Sicherheitsnadel stillgelegte Maschen: 6.–9. Masche/2. Nadel, 9 Maschen/3. Nadel, 1.–4. Masche/4. Nadel = 17 Maschen.

(Der Hinterkopf wird wie ein Käppchen bei der Socke gearbeitet.)

Es wird in Hinreihen rechts und Rückreihen links gestrickt.

Es werden verkürzte Reihen gestrickt.

Es werden alle zu strickenden Maschen beschrieben.

Reihenbeginn: (vormals) 5. Masche/4. Nadel

4. Reihe: 19 Maschen rechts stricken.

5. Reihe: 19 Maschen links stricken.

6.–19. Reihe: In Hin- und Rückreihen wie die 4. und 5. Reihe arbeiten. Ab hier beginnt das eigentliche Käppchen.

20. Reihe: 4 Maschen rechts stricken, 2 Maschen rechts zusammenstricken, 7 Maschen rechts stricken, 2 Maschen rechts zusammenstricken. Arbeit wenden.

21. Reihe: 1. Masche abheben, 7 Maschen links stricken, 2 Maschen links zusammenstricken. Arbeit wenden.

22. Reihe: 1. Masche abheben, 7 Maschen rechts stricken, 2 Maschen rechts zusammenstricken. Arbeit wenden.

23.–28. Reihe: So weiterarbeiten, bis nur noch die 9 Maschen der 1. Nadel übrig sind. Den Faden abschneiden. Der Rundenbeginn für die anschließenden Gesichter ist die 1. Masche dieser Nadel in Strickrichtung. Diese Maschen auf einer Sicherheitsnadel stilllegen.

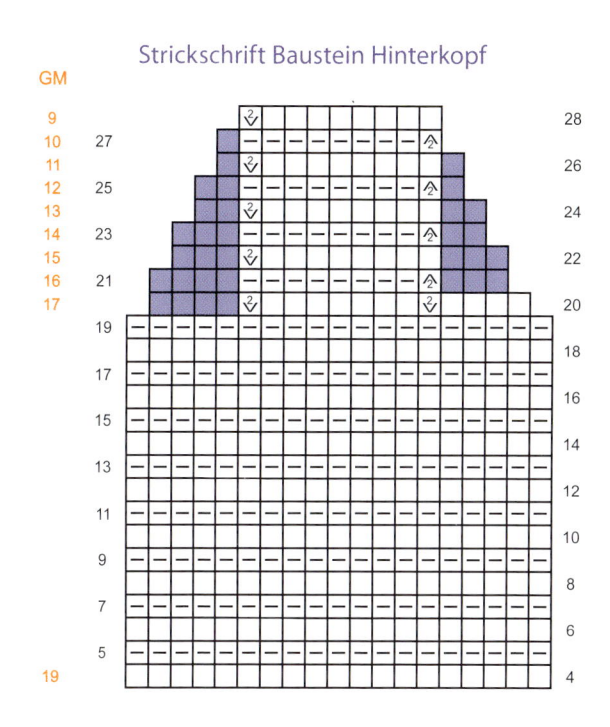

Strickschrift Baustein Hinterkopf

Die Strickschrift Baustein Hinterkopf stellt alle Maschen der 4., 1. und 2. Nadel dar.

13

Baustein Bein

Material
- Nadelspiel mit 5 Stricknadeln
- etwas Füllwatte

Am besten lassen sich die **Beine** an den **Körper** anstricken, wenn dieser noch nicht ausgestopft ist. Die Länge der Beine kann variiert werden. 15 Runden entsprechen ca. 3 cm. 20 Runden entsprechen ca. 4 cm. Für manche Tiere (z. B. Maulwurf) werden kürzere Beine gestrickt, für andere (z. B. Affe) längere.

Für die **Beine** ist der Rundenbeginn jeweils unten rechts, von dem Beginn des Strickguts (Mitte der Sitzfläche) ausgehend. Der gelbe Punkt kennzeichnet den Anfang des jeweiligen Beins. Es ist wichtig, dies zu berücksichtigen, da sich die Strickanleitung für die jeweilige Fußvariante auf diesen Rundenbeginn bezieht.

Es wird glatt rechts in Runden gestrickt.

1. + 2. Nadel = 1. Nadel und 3. + 4. Nadel = 2. Nadel.

Es werden die Maschen der 1. Nadel beschrieben und auf der 2. Nadel wiederholt.

Die 2 x 6 stillgelegten Maschen für ein Bein von den Sicherheitsnadeln auf ein Nadelspiel heben.

1.–4. Runde: Zur Runde schließen und stricken = 12 GM.

Dieser Teil des Beines gilt als **Gelenk** und sollte nicht mit Füllwatte ausgestopft werden.

5. Runde: 1 Masche stricken, 1 Masche zunehmen, 4 Maschen stricken, 1 Masche zunehmen, 1 Masche stricken = 16 GM.

6. (-20.) Runde: Bis zur gewünschten Länge in Runden stricken. Den Anfangsfaden vor dem Vernähen leicht anziehen, dadurch ziehen sich die Maschen der Verbindungsreihen etwas zusammen und es gibt ein schöneres Maschenbild.

Der gelbe Punkt kennzeichnet den Anfang des jeweiligen Beins.

Strickschrift Baustein Bein

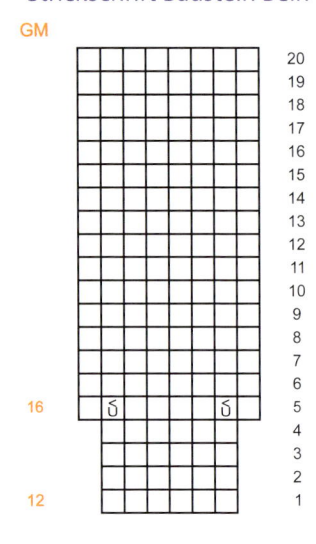

Die Strickschrift Baustein Bein stellt die Maschen der 1. Nadel dar.

Bausteine Füße

Der Fuß wird jeweils direkt angestrickt. Für die Füße gibt es zwei verschiedene Bausteine: Den Baustein **Sockenfuß** und den Baustein **Huffuß**.

Baustein Sockenfuß

Es werden alle Maschen beschrieben.

1. Runde: 4 Maschen stricken, 1 Masche zunehmen, 8 Maschen stricken, 1 Masche zunehmen, 4 Maschen stricken = 18 GM.

Maschenverteilung: 4/5/4/5.

2. Runde: Stricken.

3. Runde: 15 Maschen stricken, davon die letzen 3 Maschen auf eine Hilfsnadel stilllegen.

Die übrigen Maschen auf 3 Nadeln umverteilen:

3.–5. Masche/4. Nadel und 1. + 2. Masche/1. Nadel = 1. Nadel.

Die nächsten 5 Maschen = 2. Nadel.

Die nächsten 5 Maschen = 3. Nadel.

Maschenverteilung: 5/5/5/(3) = 18 GM.

Es wird in Hin- und Rückreihen und Runden gestrickt.

Es werden alle zustrickenden Maschen beschrieben.

4. Reihe: * 1 Masche stricken, 1 Masche zunehmen *, von * bis * noch 3 x wiederholen, 1 Masche stricken. Dies auf 2. + 3. Nadel wiederholen = 27 GM (+ 3 stillgelegte). Arbeit wenden.

5. Reihe: 1. Masche abheben, 26 Maschen links stricken. Arbeit wenden.

6. Reihe: 9 Maschen stricken, die nächsten 9 Maschen rechts - links - rechts stricken, dabei jeweils den Faden um die angrenzende Masche der benachbarten Nadel schlingen um eine Lochbildung zu vermeiden, 6 Maschen stricken. Faden umschlingen. Arbeit wenden.

7. Reihe: 21 Maschen links stricken. Faden umschlingen. Arbeit wenden.

8. Reihe: 6 Maschen rechts stricken, die nächsten 9 Maschen rechts – links – rechts stricken (Faden umschlingen), 9 + 3 Maschen rechts stricken = 30 GM. Wieder zur Runde schließen.

9. Runde: 3 Maschen zusammenstricken, 21 Maschen stricken, 3 Maschen zusammenstricken, 3 Maschen stricken = 26 GM.

10.–16. Runde: Alle Maschen glatt rechts stricken.

Das Bein mit Füllwatte ausstopfen, dabei nicht im Bereich des Gelenks ausstopfen.

Den Fuß mit Füllwatte ausstopfen.

17. Runde: 13 x 2 Maschen zusammenstricken = 13 GM.

18. Runde: Stricken.

Vor dem Zuziehen gegebenenfalls noch etwas Füllwatte nachstopfen. Den Faden abschneiden und durch die verbleibenden Maschen ziehen.

Der rechte und linke Fuß werden beide gleich gestrickt.

Strickschrift Baustein Sockenfuß

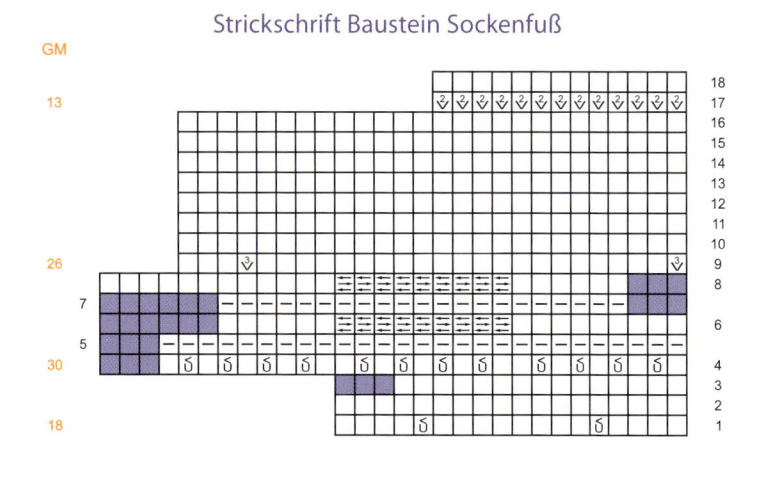

Die Strickschrift Baustein Sockenfuß stellt alle Maschen auf allen Nadeln dar.

Baustein Huffuß

Für die Anleitung und die Strickschrift gilt: 1. + 2. Nadel = 1. Nadel und 3. + 4. Nadel = 2. Nadel. Es werden die Maschen der 1. Nadel beschrieben und auf der 2. Nadel wiederholt.

1. Runde: * 1 Masche stricken, 1 Masche zunehmen *, von * bis * noch 6 x wiederholen, 1 Masche stricken = 30 GM.

2. + 3. Runde: Stricken.

4. Runde: 1 Masche stricken, 1 Masche zunehmen, 14 Maschen stricken = 32 GM.

5.–8. Runde: Rechts stricken.

9. Runde: Links stricken.

Das Bein mit Füllwatte ausstopfen, dabei nicht im Bereich des Gelenks ausstopfen.

10. Runde: 8 x 2 Maschen zusammenstricken = 16 GM.

Den Fuß mit Füllwatte ausstopfen.

11.–14. Runde: Rechts stricken.

15. Runde: 4 x 2 Maschen zusammenstricken = 8 GM.

Vor dem Zuziehen gegebenenfalls noch etwas Füllwatte nachstopfen. Den Faden abschneiden und durch die verbleibenden Maschen ziehen.

Der rechte und linke Fuß werden beide gleich gestrickt.

Strickschrift Baustein Huffuß

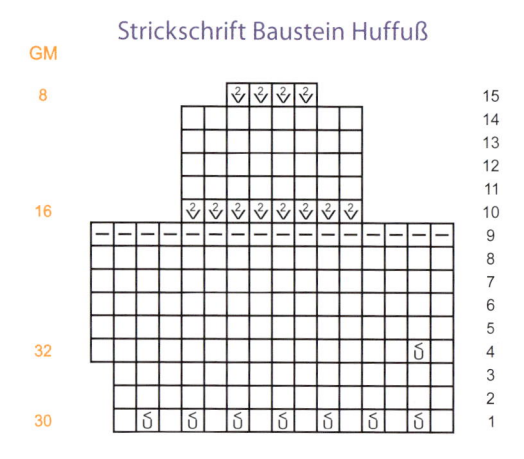

Die Strickschrift Baustein Huffuß stellt alle Maschen dar.

Baustein Arm

Material
- Nadelspiel mit 5 Stricknadeln
- etwas Füllwatte

Am besten lassen sich die **Arme** an den **Körper** anstricken, wenn dieser noch nicht ausgestopft ist. Generell gilt:
- Die Länge der Arme kann variiert werden.
- 15 Runden entsprechen ca. 3 cm. 20 Runden entsprechen ca. 4 cm. Für manche Tiere (z. B. Maulwurf) werden kürzere Arme gestrickt, für andere (z. B. Affe) längere.
- Für den rechten Arm ist der Rundenbeginn unter der Achsel vorne rechts.
- Für den linken Arm ist der Rundenbeginn von der Schulter vorne rechts.
- Der gelbe Punkt kennzeichnet den Anfang des jeweiligen Arms. Es ist wichtig, dies zu berücksichtigen, da die Strickanleitung für die jeweilige Handvariante sich auf diesen Rundenbeginn bezieht.
- Es wird glatt rechts in Runden gestrickt.
- 1. + 2. Nadel = 1. Nadel und 3. + 4. Nadel = 2. Nadel.
- Es werden die Maschen der 1. Nadel beschrieben und auf der 2. Nadel wiederholt.
- Die 2 x 5 stillgelegten Maschen für einen Arm von den Sicherheitsnadeln auf ein Nadelspiel heben.

Maschenverteilung: 3/2/3/2 = 10 GM.

1.–4. Runde: Zur Runde schließen und stricken = 10 GM.

Dieser Teil des Armes gilt als **Gelenk** und sollte nicht mit Füllwatte ausgestopft werden.

Der gelbe Punkt kennzeichnet den Rundenbeginn beim rechten Arm.

Der gelbe Punkt kennzeichnet den Rundenbeginn beim linken Arm.

5. Runde: 2 Maschen stricken, 1 Masche zunehmen, 3 Maschen stricken = 12 GM.

6. (–20.) Runde: Bis zur gewünschten Länge in Runden stricken.

Den Anfangsfaden vor dem Vernähen leicht anziehen, dadurch ziehen sich die Maschen der Verbindungsreihen etwas zusammen und es gibt ein schöneres Maschenbild.

Strickschrift Baustein Arm

Die Strickschrift Baustein Arm stellt die Maschen der 1. Nadel dar.

Baustein Hände

Es gibt vier Möglichkeiten die Hände zu stricken: als **Ohne-Daumen-Hand**, **Daumenhand**, **4-Finger-Hand** und **Hufhand**. Man kann jedem Tier jede Hand anstricken.

Baustein Ohne-Daumen-Hand

Für die Anleitung und die Strickschrift gilt: 1. + 2. Nadel = 1. Nadel, 3. + 4. Nadel = 2. Nadel.

Es werden die Maschen der 1. Nadel beschrieben und auf der 2. Nadel wiederholt.

1. Runde: * 1 Masche stricken, 1 Masche zunehmen *, von * bis * noch 4 x wiederholen, 1 Masche stricken = 22 GM.

2.–6. Runde: Stricken.

Den Arm mit Füllwatte ausstopfen, dabei nicht im Bereich des Gelenks ausstopfen. Die Hand mit Füllwatte ausstopfen.

7. Runde: 2 Maschen zusammenstricken, 7 Maschen stricken, 2 Maschen zusammenstricken = 18 GM.

8. Runde: 2 Maschen zusammenstricken, 5 Maschen stricken, 2 Maschen zusammenstricken = 14 GM.

9. Runde: 2 Maschen zusammenstricken, 3 Maschen zusammenstricken, 2 Maschen zusammenstricken = 6 GM.

Vor dem Zuziehen gegebenenfalls noch etwas Füllwatte nachstopfen. Den Faden abschneiden und durch die verbleibenden Maschen ziehen.

Strickschrift Baustein Ohne-Daumen-Hand

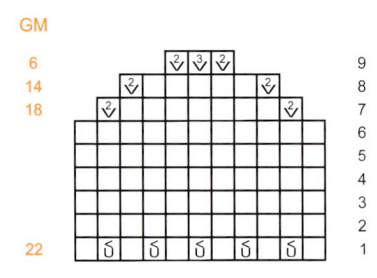

Die Strickschrift Baustein Ohne-Daumen-Hand stellt die Maschen der 1. Nadel dar.

Baustein Daumenhand

Für die Anleitung und die Strickschrift gilt: 1. + 2. Nadel = 1. Nadel, 3. + 4. Nadel = 2. Nadel.

Es werden die Maschen der 1. Nadel beschrieben und auf der 2. Nadel wiederholt.

1. Runde: * 1 Masche stricken, 1 Masche zunehmen *, von * bis * noch 4 x wiederholen, 1 Masche stricken = 22 GM.

2.–4. Runde: Stricken.

Den Arm mit Füllwatte ausstopfen, dabei nicht im Bereich des Gelenks ausstopfen.

Für den Daumen:

Es werden die 1.–3. Masche der 1. Nadel und die 9.–11. Masche der 2. Nadel in Runden gestrickt. Die übrigen Maschen stilllegen.

1.–2. Runde: Stricken = 6 M.

3. Runde: 1 Masche stricken, 2 Maschen zusammenstricken = 4 M. Den Faden abschneiden und durch die verbleibenden 4 Maschen ziehen. Der Daumen ist fertig.

Für die **Hand** die restlichen 16 Maschen in Runden weiterstricken. Rundenbeginn: Neue 1. Masche/1. Nadel.

6.–7. Runde: Stricken.

Die Hand mit Füllwatte ausstopfen.

8. Runde: 2 Maschen zusammenstricken, 4 Maschen stricken, 2 Maschen zusammenstricken = 12 GM.

9. Runde: 2 Maschen zusammenstricken, 2 Maschen stricken, 2 Maschen zusammenstricken = 8 GM.

Vor dem Zuziehen gegebenenfalls noch etwas Füllwatte nachstopfen. Den Faden lang abschneiden und durch die verbleibenden Maschen ziehen. Mit dem Faden die Öffnung zwischen Hand und Daumen unsichtbar zunähen.

Strickschrift Baustein Daumenhand

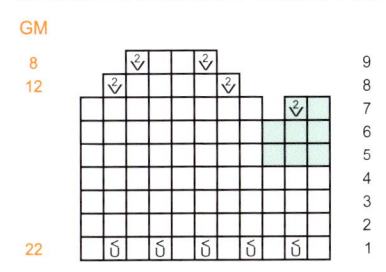

Die Strickschrift Baustein Daumen-Hand stellt die Maschen der 1. Nadel dar. Die Maschen der 2. Nadel sind gegengleich.

Baustein 4-Finger-Hand

Für die Anleitung und die Strickschrift gilt: 1. + 2. Nadel = 1. Nadel, 3. + 4. Nadel = 2. Nadel.

Es werden die Maschen der 1. Nadel beschrieben und auf der 2. Nadel wiederholt.

1. Runde: * 1 Masche stricken, 1 Masche zunehmen *, von * bis * noch 4 x wiederholen, 1 Masche stricken = 22 GM.

2.–4. Runde: Stricken.

Den Arm mit Füllwatte ausstopfen, dabei nicht im Bereich des Gelenks ausstopfen. Für die einzelnen Finger werden jeweils alle Maschen beschrieben.

Für den Daumen:

Es werden die 1.–3. Masche der 1. Nadel und die 9.–11. Masche der 2. Nadel in Runden gestrickt. Die übrigen Maschen stilllegen.

1.–2. Runde: Stricken = 6 M.

3. Runde: 1 Masche stricken, 2 Maschen zusammenstricken, 1 Masche stricken, 2 Maschen zusammenstricken = 4 M.

Den Faden abschneiden und durch die verbleibenden 4 Maschen ziehen. Der Daumen ist fertig. Etwas Füllwatte in den Handbereich, bzw. in den Daumen, stopfen.

Für den **Zeigefinger** werden die nun ersten 3 Maschen/1. Nadel und die nun letzen 3 Maschen/2. Nadel in Runden gestrickt.

1.–3. Runde: Stricken = 6 M.

4. Runde: 1 Masche stricken, 2 Maschen zusammenstricken, 1 Masche stricken, 2 Maschen zusammenstricken = 4 M.

Den Faden abschneiden und durch die verbleibenden 4 Maschen ziehen. Der Zeigefinger ist fertig.

Für den **Mittelfinger** werden die nun ersten 3 Maschen/1. Nadel und die nun letzen 3 Maschen/2. Nadel in Runden gestrickt.

1.–3. Runde: Stricken = 6 M.

4. Runde: 1 Masche stricken, 2 Maschen zusammenstricken, 1 Masche stricken, 2 Maschen zusammenstricken = 4 M.

Den Faden abschneiden und durch die verbleibenden 4 Maschen ziehen. Der Mittelfinger ist fertig. Etwas Füllwatte in die Finger und den Handbereich stopfen.

Für den **kleinen Finger** werden die übrigen 4 Maschen in Runden gestrickt.

1.–3. Runde: Stricken = 4 M

Den Faden abschneiden und durch die verbleibenden 4 Maschen ziehen. Der kleine Finger ist fertig. Mit dem Faden die Öffnungen zwischen den einzelnen Fingern unsichtbar zunähen.

Strickschrift Baustein 4-Finger-Hand

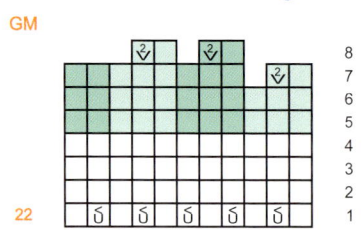

Die Strickschrift Baustein 4-Finger-Hand stellt die Maschen der 1. Nadel dar.
Die Maschen der 2. Nadel sind gegengleich.

Baustein Hufhand

Für die Anleitung und die Strickschrift gilt: 1. + 2. Nadel = 1. Nadel, 3. + 4. Nadel = 2. Nadel. Es werden die Maschen der 1. Nadel beschrieben und auf der 2. Nadel wiederholt.

1. Runde: * 1 Masche stricken, 1 Masche zunehmen *, von * bis * noch 4 x wiederholen, 1 Masche stricken = 22 GM.

2.–6. Runde: Stricken.

Den Arm mit Füllwatte ausstopfen, dabei nicht im Bereich des Gelenks ausstopfen.

Den Huf mit Füllwatte ausstopfen.

7. Runde: Links stricken.

8. Runde: 5 x 2 Maschen zusammenstricken, 1 Masche stricken = 12 GM.

9. Runde: Stricken.

10. Runde: 3 x 2 Maschen zusammenstricken = 6 GM.

Vor dem Zuziehen gegebenenfalls noch etwas Füllwatte nachstopfen. Den Faden abschneiden und durch die verbleibenden Maschen ziehen.

Strickschrift Baustein Hufhand

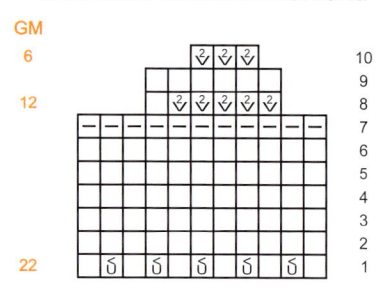

Die Strickschrift Baustein Hufhand stellt die Maschen der 1. Nadel dar.

21

Die Schwänzchen

Für die **Schwänzchen** benötigt man ein Nadelspiel und gegebenenfalls Füllwatte. Generell gilt:

- Die Maschen für den jeweiligen Schwanz werden im Baustein **Körper** in der 15. und 18. Runde eingearbeitet.
- Auch der Schwanz sollte gestrickt werden solange der Körper noch nicht ausgestopft ist.
- Die auf den Sicherheitsnadeln 2 x 5 stillgelegten Maschen werden auf ein Nadelspiel gehoben. Auch hier empfiehlt es sich, trotz geringer Maschenzahl mit einem Nadelspiel zu arbeiten.
- Dann strickt man die Schwänzchen nach individueller Anleitung.
- Werden die Schwänzchen mit Füllwatte ausgestopft, wird dies in den einzelnen Anleitungen beschrieben.
- Natürlich könnte man auch hier jedem Tier jedes Schwänzchen anstricken. Maxi Mustermaus hat zum Beispiel die Rute vom Hund bekommen. Trotzdem ist es ein Mauseschwänzchen.
- Vier Tiere bekommen kein Schwänzchen, es werden keine Maschen herausgearbeitet. Dies wird in den individuellen Anleitungen extra beschrieben.

Baustein Augenpartie

Bei den meisten Gesichtern wird der Baustein **Augenpartie** gestrickt und danach erst die individuelle (Groß-)Nase oder Schnauze. Bei diesem Baustein werden die Maschen der 3. Runde in mehreren Hin- und Rückreihen gestrickt und dabei mit den angrenzenden Maschen zusammengestrickt. Hier wird die Grundform der Augenpartie beschrieben. Bei einigen Tieren gibt es Varianten dieses Bausteins.

Die stillgelegten Maschen von den Sicherheitsnadeln auf ein Nadelspiel heben.
Maschenverteilung: 9 Maschen/1. Nadel, 4 Maschen/2. Nadel, 9 Maschen/3. Nadel, 4 Maschen/4. Nadel.
Rundenbeginn: 1. Masche/1. Nadel.
Es werden alle Maschen beschrieben.

Aufnahmerunde: 9 Maschen stricken, 8 Maschen seitlich aufnehmen, 4 + 9 + 4 Maschen stricken, 8 Maschen seitlich aufnehmen. 9/12/9/12 = 42 GM.
1. Runde: Zur Runde schließen und stricken.
2. Runde: Stricken.
Für die **3. Runde** werden nur Maschen der 1., 2. und 4. Nadeln in Hin- und Rückreihen, mit verkürzten Reihen gestrickt. Die Maschen der 3. Nadel werden stillgelegt. Für diese Runde werden verkürzte Reihen beschrieben.
Maschenverteilung: 12 (2. Nadel)/9 (1. Nadel)/12 (4. Nadel) = 33 M.
Rundenbeginn: 1. Masche/1. Nadel:
1. Reihe: 8 Maschen rechts stricken, 2 Maschen rechts zusammenstricken, Arbeit wenden = 11/9/12 = 32 M.
2. Reihe: 8 Maschen links stricken, 2 Maschen links zusammenstricken, Arbeit wenden = 11/9/11 = 31 M.
3. Reihe: 8 Maschen rechts stricken, 2 Maschen rechts zusammenstricken, Arbeit wenden = 10/9/11 = 30 M.
4. Reihe: 8 Maschen links stricken, 2 Maschen links zusammenstricken, Arbeit wenden = 10/9/10 = 29 M.

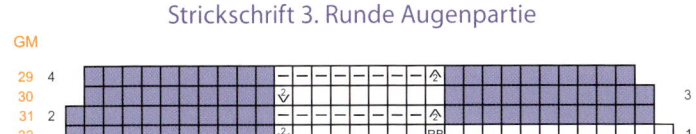

Strickschrift 3. Runde Augenpartie

Die Strickschrift 3. Runde Augenpartie stellt die Maschen der 4., 1. und 2. Nadel dar.

4. Runde: Rundenbeginn 1. Masche/1. Nadel. 8 Maschen rechts stricken, 2 Maschen rechts zusammenstricken, 9 + 9 + 9 Maschen stricken, letzte Masche auf 4. Nadel mit 1. Masche von 1. Nadel der 5. Runde zusammenstricken. 9/9/9/9 = 36 GM.
5. Runde: Stricken.

Baustein Großnase

Jedem Tier, das mit dem Baustein **Augenpartie** gestrickt wird, kann man eine **Großnase** anstricken (außer dem Elefanten). Man könnte also einen Hund nicht mit dem Hundegesicht stricken, sondern mit einer **Großnase** versehen. Bekommt er die Hundeohren und den Hundeschwanz wird er trotzdem ein Hund.

Hier wird die Anleitung für die einfachste Form der **Großnase** beschrieben. Die anderen Großnasen-Gesichter weichen in Nuancen ab.

Die Angaben werden für die 1. Nadel beschrieben, und auf den übrigen 3 Nadeln wiederholt. Der Baustein **Großnase** beginnt nach der 5. Runde des Bausteins **Augenpartie**.

Rundenbeginn: 1. Masche/1. Nadel.

1.–17. Runde: Stricken = 36 GM.

Den Körper und den Kopf mit Füllwatte ausstopfen.

18. Runde: 1 Masche stricken, 2 Maschen zusammenstricken, 3 Maschen stricken, 2 Maschen zusammenstricken, 1 Masche stricken = 28 GM.

19. Runde: Stricken.

20. Runde: 1 Masche stricken, 2 Maschen zusammenstricken, 1 Masche stricken, 2 Maschen zusammenstricken, 1 Masche stricken = 20 GM.

21. Runde: Stricken.

Die Nase mit Füllwatte ausstopfen.

22. Runde: 2 Maschen zusammenstricken, 1 Masche stricken, 2 Maschen zusammenstricken = 12 GM.

Vor dem Zuziehen gegebenenfalls noch etwas Füllwatte nachstopfen. Den Faden abschneiden und durch die verbleibenden Maschen ziehen.

Strickschrift Baustein Großnase

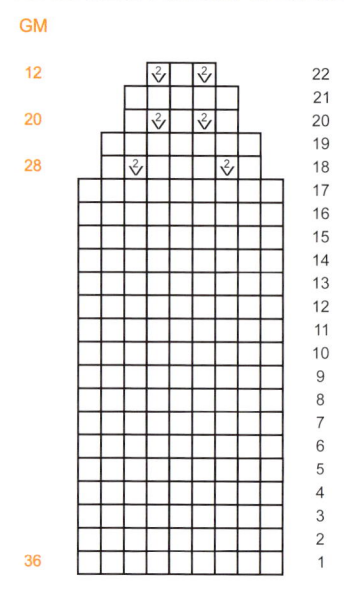

Die Strickschrift Baustein Großnase stellt die Maschen der 1. Nadel dar.

Baustein Spitznasen-Gesicht

Der Baustein **Spitznasen-Gesicht** wird direkt nach dem Baustein **Hinterkopf** gestrickt. Das Baukasten-Prinzip ermöglicht auch hier, dass man jedem Tier ein **Spitznasen-Gesicht** geben könnte. Man könnte also einen Hund nicht mit dem Hundegesicht stricken, sondern mit einem **Spitznasen-Gesicht** versehen. Bekommt er die Hundeohren und den Hundeschwanz wird er trotzdem ein Hund.

Die stillgelegten Maschen von den Sicherheitsnadeln auf ein Nadelspiel heben.
Maschenverteilung: 9/4/9/4 = 26 GM.
Es werden alle Maschen auf allen Nadeln beschrieben.
Aufnahmerunde: 9 Maschen stricken, 8 Maschen seitlich aufnehmen, 4 + 9 + 4 Maschen stricken, 8 Maschen seitlich aufnehmen. 9/12/9/12 = 42 GM.
Rundenbeginn: 1. Masche/1. Nadel.

Diese Masche wird in einigen Runden mit der letzten Masche der 4. Nadel der vorherigen Runde zusammengestrickt.
1. Runde: Zur Runde schließen und stricken = 42 GM.
2. Runde: Stricken.
3. Runde: Letzte Masche/4. Nadel mit 1. Masche/1. Nadel zusammenstricken, 7 Maschen stricken, 2 Maschen zusammenstricken, 9 Maschen stricken, 2 Maschen zusammenstricken, 9 Maschen stricken, 2 Maschen zusammenstricken, 9 Maschen stricken. 9/10/9/10 = 38 GM.
4. Runde: Stricken.
5. Runde: 19 Maschen stricken, 2 Maschen zusammenstricken, 5 Maschen stricken, 2 Maschen zusammenstricken, 10 Maschen stricken. 9/10/7/10 = 36 GM.
6. Runde: Stricken.
7. Runde: Letzte Masche/4. Nadel mit 1. Masche/1. Nadel zusammenstricken, 7 Maschen stricken, 2 Maschen zusammenstricken, 7 Maschen stricken, 2 Maschen zusammenstricken, 7 Maschen stricken, 2 Maschen zusammenstricken, 7 Maschen stricken. 9/8/7/8 = 32 GM.
8. Runde: Stricken.
9. Runde: Letzte Masche/4. Nadel mit 1. Masche/1. Nadel zusammenstricken, 7 Maschen stricken, 2 Maschen zusammenstricken, 8 Maschen stricken, 2 Maschen zusammenstricken, 1 Masche stricken, 2 Maschen zusammenstricken, 8 Maschen stricken. 9/7/5/7 = 28 GM.
10. Runde: Stricken.
Den Körper und den Kopf mit Füllwatte ausstopfen.
11. Runde: 2 Maschen zusammenstricken, 5 Maschen stricken, 2 Maschen zusammenstricken, 5 Maschen stricken, 2 Maschen zusammenstricken, 5 Maschen stricken, 2 Maschen zusammenstricken, 5 Maschen stricken. 7/6/5/6 = 24 GM.
12. Runde: Stricken.

13. Runde: 2 Maschen zusammenstricken, 3 Maschen stricken, 2 Maschen zusammenstricken, 4 Maschen stricken, 2 Maschen zusammenstricken, 5 Maschen stricken, 2 Maschen zusammenstricken, 4 Maschen stricken. 5/5/5/5 = 20 GM.

14.–16. Runde: Stricken.

17. Runde: 2 Maschen zusammenstricken, 1 Masche stricken, 2 Maschen zusammenstricken, 2 Maschen zusammenstricken, 11 Maschen stricken, 2 Maschen zusammenstricken. 3/4/5/4 = 16 GM.

18. Runde: Stricken.
Die Nase mit Füllwatte ausstopfen.

19. Runde: 3 Maschen stricken, 2 Maschen zusammenstricken, 9 Maschen stricken, 2 Maschen zusammenstricken. 3/3/5/3 = 14 GM.

20. Runde: Stricken.
Vor dem Zuziehen gegebenenfalls noch etwas Füllwatte nachstopfen. Den Faden abschneiden und durch die verbleibenden Maschen ziehen.

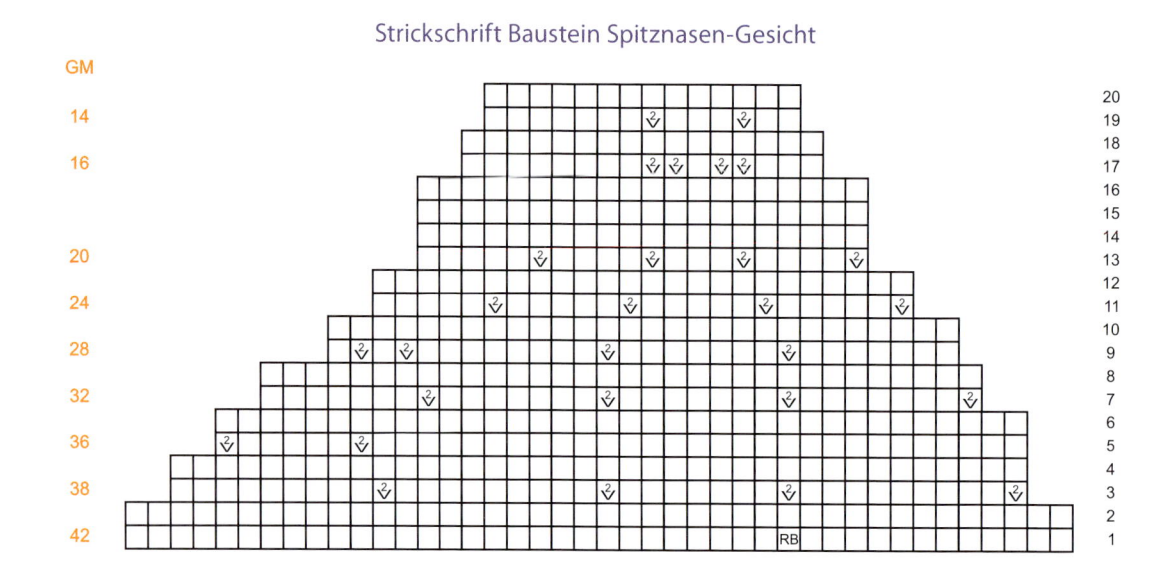

Strickschrift Baustein Spitznasen-Gesicht

Die Strickschrift Baustein Spitznasen-Gesicht stellt alle Maschen dar, in der Reihenfolge 4., 1., 2., und 3. Nadel, von rechts gelesen.

Die Ohren

Material
- Häkelnadel (z. B. 2,5 mm)
- Nadelspiel oder 2 Stricknadeln

Die **Ohren** werden bei jedem Tier individuell gestrickt. Manche Ohren werden in Runden gestrickt. Auch wenn die Maschenzahl sehr gering ist, empfiehlt es sich, für die Ohren, die in Runden gestrickt werden, ein Nadelspiel zu verwenden.

Andere Ohren werden in zwei Teilen jeweils in Hin- und Rückreihen gestrickt, die dann unsichtbar aufeinander genäht werden. Generell gilt:
- Die Ohren werden nie mit Füllwatte ausgestopft.
- Die Maschenaufnahme für die Ohren erfolgt individuell für jedes Tier. Bei den verschiedenen Tieren werden die Maschen an unterschiedlichen Stellen auf und/oder seitlich am Kopf aufgenommen. Bei manchen Tieren werden die Maschen auch quer am Kopf aufgenommen.
- Bei Ohren, für die Maschen auf und seitlich am Kopf aufgenommen werden, beginnt man mit der Maschenaufnahme, indem man auf den Hinterkopf des Tieres schaut.
- Man beginnt mit dem linken Ohr.

Mit der Häkelnadel greift man unter einer Masche am ausgestopften Kopf durch und zieht eine Schlaufe des Fadens durch. Die erste auf diese Weise erzeugte Masche sollte man noch einmal auf gleiche Weise festziehen. Für die nächste Maschenschlaufe wird unter der nächsten Masche links im Strickgut eine Schlaufe durchgezogen.

Erst die Maschen oben auf dem Kopf, dann die Maschen seitlich am Kopf Richtung Hals aufnehmen. Dies wird fortgesetzt, bis die gewünschte Anzahl Maschen der Hälfte des Ohres erreicht ist.

Die Maschen werden auf 2 Stricknadeln verteilt.

(Werden die Ohren in 2 Teilen gestrickt, sind damit die Maschen für das Außenohr aufgenommen.)

Maschen auf dem Kopf und seitlich am Kopf aufnehmen.

Um die 2. Hälfte der Maschen aufzunehmen, schaut man jetzt auf das Gesicht des Tieres. Nun werden die Maschen möglichst direkt an den Maschen für das Außenohr aufgenommen. Diese Maschen ebenfalls auf 2 Stricknadeln verteilen.

Wird das Ohr in zwei Teilen gestrickt, werden die Maschen für das Innenohr in gleicher Weise aufgenommen, nachdem das Außenohr fertig gestrickt ist.

Maschenaufnahme für ein Ohr, das in Runden gestrickt wird.

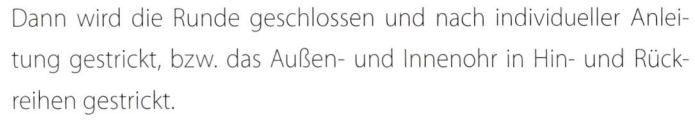

Maschen quer am Kopf aufnehmen.

Dann wird die Runde geschlossen und nach individueller Anleitung gestrickt, bzw. das Außen- und Innenohr in Hin- und Rückreihen gestrickt.

Die Maschenaufnahme für das rechte Ohr wird seitlich am Kopf begonnen und nach oben fortgesetzt, dann die Maschen auf dem Kopf aufnehmen.

Die 2. Hälfte, bzw. die Maschen für das Innenohr, erst oben am Kopf, dann seitlich am Kopf abwärts aufnehmen.

Bei den verschiedenen Tieren werden die Maschen an unterschiedlichen Stellen auf oder seitlich am Kopf aufgenommen. Die genaue Platzierung der Ohren wird in den einzelnen Anleitungen zu den Tieren beschrieben. Dies gilt als Orientierungshilfe. Man kann die Ohren auch individuell platzieren. Ebenso ist auch der Abstand zwischen den Ohren eine ungefähre Angabe. Zum Beispiel könnte man der Maus natürlich auch die großen Ohren des Elefanten anstricken, sodass man dementsprechend mehr Maschen aufnehmen muss.

Maschen auf dem Kopf aufnehmen.

Die Augen und Nasenspitzen

Die **Augen**, **Nasenspitzen** und eventuell angedeutete **Münder** werden mit Stickgarn auf die fertigen Gesichter aufgestickt. Dafür verwendet man 2- bis 4-fädiges Stickgarn. Selbstverständlich kann man die Größe und Breite der Augen individuell festlegen.

Bei den meisten Tieren variiert die Breite der Augen zwischen 4–5 mm. Dies entspricht ungefähr einer Breite von 1,5–2 Maschen. Die Höhe variiert zwischen 3–5 mm.

Die Augen werden mit schwarzem oder braunem Stickgarn gearbeitet. Man führt die Sticknadel vom Hinterkopf durch den Kopf und sticht an der gewünschten Stelle aus. Dann sticht man über die gewünschte Augenbreite (1,5 bis 2 Maschen) wieder ein, führt den Faden unter dem Gestrick durch und sticht oberhalb der 1. Ausstichstelle wieder aus.

Dies wiederholt man 2–3 x in der gleichen Breite. Dann stickt man einen schmaleren Stich und dann einen noch schmaleren Stich, sodass sich das Auge nach oben verjüngt. Man kann das Auge auch mit 4–5 gleich breiten Stichen arbeiten.

Die Nase wird in der gleichen Weise gearbeitet. Man beginnt an der breitesten Stelle der Nase. Dann verjüngt man die Breite der Stiche, nach je 2 Stichen in der gleichen Breite, bis zur gewünschten Länge.

ZWEI FREUNDE IM BAUKASTEN
MAXI & MAX MUSTERMAUS

Mustermaus • Gesamtgröße ca. 15 cm

Maxi & Max

Material pro Mustermaus
- ca. 25 g Sockengarn (80 % Super Merino, 20 % Nylon, LL 210 m/50 g)
- Stickgarn in Schwarz
- ca. 10 g Füllwatte
- Nadelspiel 2,5 mm

Anhand der beiden Mustermäuse erkennt man, wie sich die Tiere aus den einzelnen Bausteinen zusammensetzten. Die Individualität entseht durch die verschiedenen Gesichter.

So wird's gemacht

Der Körper mit Hinterkopf:
Den Baustein Körper nach Anleitung und direkt anschließend den Baustein Hinterkopf stricken.

Die Beine & Füße:
Die Beine mit jeweils 20 Runden und mit anschließendem Sockenfuß stricken.

Die Arme & Hände:
Die Arme mit jeweils 20 Runden stricken.

Anschließend bei Maxi den Baustein Daumenhand und bei Max den Baustein Ohne-Daumen-Hand stricken.

Das Schwänzchen:
Beide Mustermäuse bekommen die Rute Hund.

Das Gesicht:
Bei Maxi Mustermaus wird der Baustein Spitznasen-Gesicht nach Anleitung gestrickt.

Bei Max Mustermaus wird erst der Baustein Augenpartie gestrickt, dann im Anschluss der Baustein Großnase.

Die Augen, bzw. die Nasenspitze wird in Schwarz aufgestickt.

Die Ohren:
Maxi Mustermaus hat die Ohren Maus bekommen.

Max Mustermaus hat die Ohren Hund bekommen.

31

ZWEI FREUNDE IM GEISTE
ROSALIE SCHWEIN & ALFRED AFFE

Schwein • Gesamtgröße ca. 15 cm | Affe • Gesamtgröße ca. 19 cm

ROSALIE SCHWEIN

Material
- ca. 25 g Sockengarn in Rosa (80 % Super Merino, 20 % Nylon, LL 210 m/50 g)
- Stickgarn in Braun
- ca. 10 g Füllwatte
- Nadelspiel 2,25 mm

So wird's gemacht

Der Körper:
Den Baustein Körper nach Anleitung von 1.–42. Runde stricken.

43. Runde: 7 Maschen stricken, 2 Maschen zusammenstricken, 3 Maschen stricken, 2 Maschen zusammenstricken, 7 Maschen stricken, 2 Maschen zusammenstricken, 3 Maschen stricken, 2 Maschen zusammenstricken.

Maschenverteilung: 7/5/7/5 = 24 GM.

Hier endet der Körper, Rosalie bekommt keinen Hals.

Der Hinterkopf:
Für den Hinterkopf die Maschen der 3. Nadel stilllegen. Es werden die Maschen der 4., 1. und 2. Nadel gestrickt.

Reihenbeginn: 1. Masche/1. Nadel.

1. Reihe: 1 Masche stricken, 1 Masche zunehmen, 5 Maschen stricken, 1 Masche zunehmen, 1 Masche stricken, 5 Maschen stricken. 5/9/5 = 19 M. Arbeit wenden.

2. Reihe: Alle 5 + 9 + 5 Maschen links stricken. Arbeit wenden.

Ab 3. Reihe: Nach Anleitung Baustein Hinterkopf ab 6. Reihe weiterarbeiten.

Die Beine & Füße:
Die Beine mit jeweils 15 Runden und mit anschließendem Sockenfuß stricken.

Die Arme & Hände:
Die Arme mit jeweils 18 Runden und mit anschließender Daumenhand stricken.

Das Ringelschwänzchen:
Es werden verkürzte Runden/Reihen gestrickt. Es werden alle Maschen auf allen Nadeln beschrieben.

1. Runde: Zur Runde schließen = 10 GM.

2.–5. Runde: Stricken.

6. Runde: 2 Maschen zusammenstricken, 3 Maschen stricken, 2 Maschen zusammenstricken, 3 Maschen stricken = 8 GM.

7. Reihe: 7 Maschen rechts stricken, Arbeit wenden.

8. Reihe: 6 Maschen links stricken. Arbeit wenden.

9. Reihe: 5 Maschen rechts stricken. Arbeit wenden.

10. Reihe: 4 Maschen links stricken. Arbeit wenden.

11. Runde: 4 Maschen rechts stricken, 2 Maschen zusammenstricken = 7 GM.

12. Reihe: 2 Maschen zusammenstricken, 3 Maschen rechts stricken = 6 GM. Arbeit wenden.

13. Reihe: 3 Maschen links stricken. Arbeit wenden.

14. Reihe: 2 Maschen rechts stricken, 2 Maschen zusammenstricken = 5 GM. Arbeit wenden.

15. Reihe: 3 Maschen links stricken. Arbeit wenden.

32

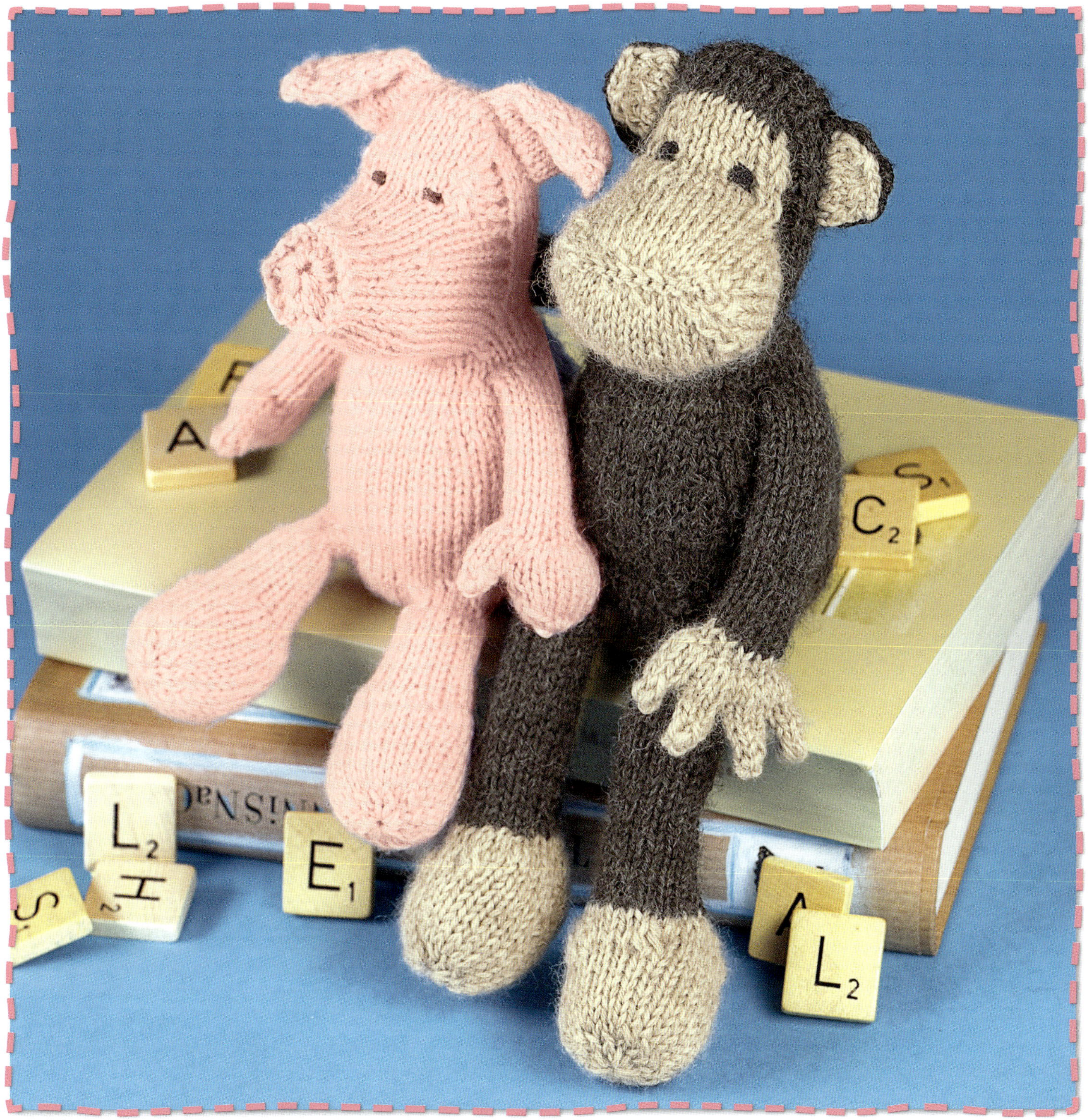

16. Runde: 2 Maschen rechts stricken, 2 Maschen zusammenstricken = 4 GM.

17. Reihe: 2 Maschen zusammenstricken, 2 Maschen stricken = 3 GM. Arbeit wenden.

18. Reihe: 1 Masche links stricken. Arbeit wenden.

19. Reihe: 2 Maschen rechts zusammenstricken = 2 GM.

Den Faden abschneiden und durch die verbleibenden Maschen ziehen. An der Seite des Schwänzchens den Faden im Matratzenstich durchziehen und so das Schwänzchen noch etwas mehr kringeln. Das Schwänzchen nicht mit Füllwatte ausstopfen.

Das Gesicht:

Stillgelegte Maschen 9/0/7/0.

Die stillgelegten Maschen auf ein Nadelspiel heben.

Es werden alle Maschen beschrieben.

Aufnahmerunde: 9 Maschen stricken, 12 Maschen seitlich aufnehmen, 1 Masche stricken, 1 Masche aufnehmen, 5 Maschen stricken, 1 Masche aufnehmen, 1 Masche stricken, 12 Maschen seitlich aufnehmen. Zur Runde schließen. 9/12/9/12 = 42 GM.

1.–5. Runde: Nach Baustein Augenpartie stricken. 9/9/9/9 = 36 GM.

6. Runde: 1 Masche stricken, 2 Maschen zusammenstricken, 3 Maschen stricken, 2 Maschen zusammenstricken, 1 + 9 + 1 Maschen stricken, 2 Maschen zusammenstricken, 3 Maschen stricken, 2 Maschen zusammenstricken, 1 + 9 Maschen stricken. 7/9/7/9 = 32 GM.

7.–9. Runde: Stricken.

10. Runde: 7 + 1 Masche stricken, 2 Maschen zusammenstricken, 3 Maschen stricken, 2 Maschen zusammenstricken, 1 + 7 + 1 Maschen stricken, 2 Maschen zusammenstricken, 3 Maschen stricken, 2 Maschen zusammenstricken, 1 Masche stricken. 7/7/7/7 = 28 GM.

11.–13. Runde: Stricken.

Den Körper, den Kopf und die Nase mit Füllwatte ausstopfen.

14. Runde: * 1 Masche stricken, 2 Maschen zusammenstricken, 1 Masche stricken, 2 Maschen zusammenstricken, 1 Masche stricken * von * bis * noch 3 x wiederholen. 5/5/5/5 = 20 GM.

15.–18. Runde: Stricken.

19. Runde: Links Stricken.

20. Runde: * 1 Masche stricken, 2 Maschen zusammenstricken, 2 Maschen stricken *, von * bis * noch 3 x wiederholen. 4/4/4/4 = 16 GM.

34

21.–22. Runde: Stricken.

23. Runde: * 1 Masche stricken, 2 Maschen zusammenstricken, 1 Masche stricken *, von * bis * noch 3 x wiederholen. 3/3/3/3 = 12 GM.

Vor dem Zuziehen gegebenenfalls noch etwas Füllwatte nachstopfen.

Den Faden abschneiden und durch die verbleibenden Maschen ziehen. Mit dem Faden innerhalb der 19. Runde die Nase festnähen, sodass sie sich nicht nach außen wölbt.

Die Strickschrift Gesicht Schweinchen stellt alle Maschen dar, ab der 6. Runde.

Strickschrift Gesicht Schweinchen

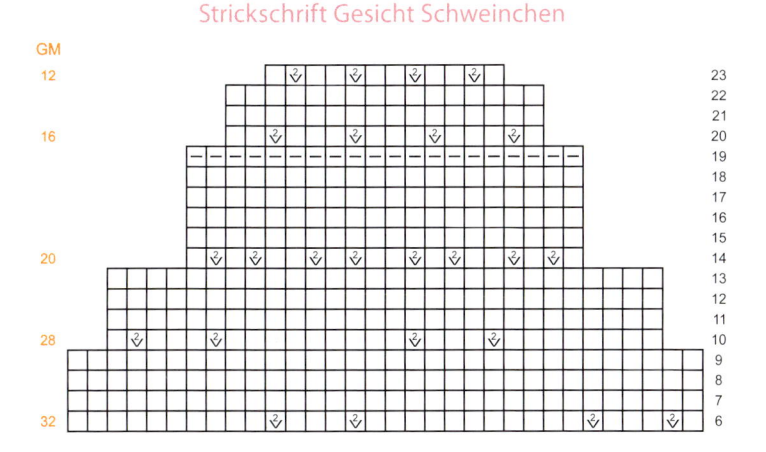

Die Augen in Dunkelbraun aufsticken.

Die Ohren:

1. + 2. Nadel = 1. Nadel und 3. + 4. Nadel = 2. Nadel.

Es werden die Maschen der 1. Nadel beschrieben und auf der 2. Nadel wiederholt.

Für ein Ohr 2 x 8 Maschen aufnehmen.

Für das linke Ohr 3 Maschen auf dem Kopf aufnehmen, 5 Maschen an der Seite, dann 5 Maschen an der Seite wieder hoch und 3 Maschen auf dem Kopf.

1.–7. Runde: Zur Runde schließen und stricken = 16 GM.

8. Runde: 6 Maschen stricken, 2 Maschen zusammenstricken = 14 GM.

9. Runde: Stricken.

10. Runde: 2 Maschen zusammenstricken, 5 Maschen stricken = 12 GM.

11. Runde: Stricken.

12. Runde: 2 Maschen zusammenstricken, 4 Maschen stricken = 10 GM.

13. Runde: Stricken.

14. Runde: 2 Maschen zusammenstricken, 1 Masche stricken, 2 Maschen zusammenstricken = 6 GM.

15. Runde: Stricken.

16. Runde: 3 Maschen zusammenstricken.

Den Faden abschneiden und durch die verbleibenden Maschen ziehen. Das Ohr in ungefähr einem 55° Winkel abknicken und den oberen Teil unsichtbar festnähen.

Für das rechte Ohr 5 Maschen an der Seite aufnehmen und 3 Maschen auf dem Kopf, dann 3 Maschen auf dem Kopf und 5 Maschen and der Seite.

Das rechte Ohr in gleicher Weise stricken.

Die Strickschrift Ohr Schweinchen stellt die Maschen der 1. Nadel dar.

Strickschrift Ohr Schweinchen

35

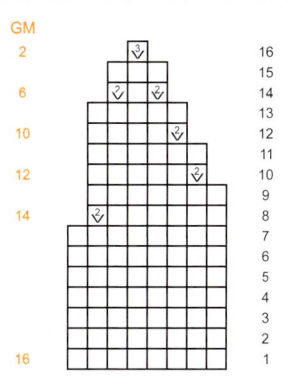

ALFRED AFFE

Material

- ca. 25 g Sockengarn in Braun und ca. 10 g in Beige
  (80 % Super Merino, 20 % Nylon, LL 210 m/50 g)
- Stickgarn in Dunkelbraun
- ca. 10 g Füllwatte
- Nadelspiel 2,5 mm

So wird's gemacht

Der Körper mit Hinterkopf:

Den Baustein Körper nach Anleitung von 1.–45. Runde stricken.
Alfred bekommt einen kurzen Hals.
In der 15. + 18. Runde keine Maschen für den Schwanz aufnehmen.
Direkt anschließend den Baustein Hinterkopf stricken.

Die Beine & Füße:

Die Beine und Arme des Affen werden natürlich länger gestrickt.
Man kann die Länge beliebig variieren.
Alfred Affe hat 6 cm lange Beine.

1.–28. Runde: In Dunkelbraun stricken = 16 GM.
Anschließend den Sockenfuß in Beige direkt anstricken.
Das 2. Bein mit Fuß in gleicher Weise stricken.

Die Arme & Hände:

Insgesamt sind Alfreds Arme mit Händen 7,5 cm lang.

1.–26. Runde: Nach Baustein Arm in Dunkelbraun stricken = 10 GM.
27.–30. Runde: In Beige fertig stricken.
Anschließend den Baustein 4-Finger-Hand in Beige direkt anstricken.
Den 2. Arm mit Hand in gleicher Weise arbeiten.

Das Gesicht:

Die stillgelegten Maschen auf ein Nadelspiel heben.
Das Gesicht mit Dunkelbraun beginnen.

1.–2. Runde: Nach Anleitung Augenpartie stricken. 9/12/9/12 = 42 GM.

3. Runde: Zum beigefarbenen Garn wechseln. Eine erweiterte 3. Runde stricken bis Maschenverteilung 8/9/8 = 25 M (+ 9 stillgelegte).

36

Die Strickschrift Augenpartie Affe stellt alle Maschen der 4., 1. und 2. Nadel dar.

Strickschrift Augenpartie Affe

Rundenbeginn: 1. Masche /1. Nadel.

4. Runde: 8 Maschen rechts stricken, 2 Maschen rechts zusammenstricken, 7 + 9 + 7 Maschen stricken, letzte Masche/4. Nadel mit 1. Masche/1. Nadel/5. Runde zusammenstricken. 9/7/9/7 = 32 GM.

5. Runde: Stricken.

Um den Mund zu stricken müssen die Maschen umverteilt werden:

6. Runde: Umverteilung:

1. Nadel: 5.–7. Masche/4. Nadel stricken, 9 Maschen/1. Nadel stricken, 1.–3. Masche/2. Nadel stricken = 15 M.

2. Nadel: 1 Masche zunehmen, 1 Masche stricken, 1 Masche zunehmen = 3 M.

3. Nadel: 3 Maschen stricken, 9 Maschen stricken, 3 Maschen stricken = 15 M.

4. Nadel: 1 Masche zunehmen, 1 Masche stricken, 1 Masche zunehmen = 3 M.

Maschenverteilung: 15/3/15/3 = 36 GM.

7. Runde: Nur auf 1. + 3. Nadel: 1 Masche stricken, 1 Masche zunehmen, 6 Maschen stricken, 1 Masche zunehmen, 1 Masche stricken, 1 Masche zunehmen, 6 Maschen stricken, 1 Masche zunehmen, 1 Masche stricken. 2. + 4. Nadel: Stricken. 19/3/19/3 = 44 GM.

8.–9. Runde: Stricken.

10. Runde: Nur auf 1. + 3. Nadel: 1 Masche stricken, 2 Maschen zusammenstricken, 13 Maschen stricken, 2 Maschen zusammenstricken, 1 Masche stricken. 2. + 4. Nadel: Stricken.

17/3/17/3 = 40 GM.

11. Runde: Stricken.

12. Runde: Nur auf 1. + 3. Nadel: 1 Masche stricken, 2 Maschen zusammenstricken, 11 Maschen stricken, 2 Maschen zusammenstricken, 1 Masche stricken. 2. + 4. Nadel: Stricken. 15/3/15/3 = 36 GM.

13. Runde: Stricken.

14. Runde: Nur auf 1. + 3. Nadel: 1 Masche stricken, 2 Maschen zusammenstricken, 9 Maschen stricken, 2 Maschen zusammenstricken, 1 Masche stricken. Auf 2. + 4. Nadel: 3 Maschen zusammenstricken. 13/1/13/1 = 28 GM.

15. Runde: Stricken.

Den Körper und den Kopf mit Füllwatte ausstopfen.

16. Runde: Nur auf 1. + 3. Nadel: 2 Maschen zusammenstricken, 2 Maschen stricken, 2 Maschen zusammenstricken, 1 Masche stricken, 2 Maschen zusammenstricken, 2 Maschen stricken, 2 Maschen zusammenstricken. 2. + 4. Nadel: Stricken. 9/1/9/1 = 20 GM.

Die 20 GM auf 2 Nadel verteilen:

9 Maschen/1. Nadel + 1 Masche/2. Nadel = 1. Nadel.

9 Maschen/3. Nadel + 1 Masche/4. Nadel = 2. Nadel.

Die Maschen gemeinsam abketten: Letzte Masche der 2. Nadel über 1. Masche der 1. Nadel heben, abheben.

Die nun 1. Masche der 1. Nadel auf 2. Nadel heben, diese Masche gemeinsam mit der nachfolgenden Maschen auf der 2. Nadel zusammenstricken, dann 1. Masche der rechten (Arbeits-)Nadel überheben, diese auf die rechte Nadel heben. So weiter arbeiten bis alle Maschen abgekettet sind.

Die Augen in Dunkelbraun aufsticken.

Die Ohren:

Die Ohren werden in zwei Teilen jeweils in Hin- und Rückreihen gestrickt, die dann unsichtbar aufeinander genäht werden.

Die Ohren sitzen seitlich am Kopf, ca. auf der 3. Maschenreihe.

Um Maschen für das Außenohr aufzunehmen sieht man auf den Hinterkopf. In Dunkelbraun 8 Maschen aufnehmen.

1. Reihe: Links stricken = 8 M.

2. Reihe: 1 Masche rechts stricken, 1 Masche zunehmen, 6 Maschen rechts stricken, 1 Masche zunehmen, 1 Masche rechts stricken = 10 M.

3. Reihe: Links stricken.

4. Reihe: 1 Masche rechts stricken, 2 Maschen zusammenstricken, 4 Maschen rechts stricken, 2 Maschen zusammenstricken, 1 Masche rechts stricken = 8 M.

5. Reihe: 1 Masche links stricken, 2 Maschen links zusammenstricken, 2 Maschen links stricken, 2 Maschen links zusammenstricken, 1 Masche links stricken = 6 M.

Die Nase mit Füllwatte ausstopfen.

6. Reihe: 2 Maschen zusammenstricken, 2 Maschen rechts stricken, 2 Maschen zusammenstricken = 4 M. Die Maschen links abketten.

Die Strickschrift Außenohr Affe stellt alle Maschen dar.

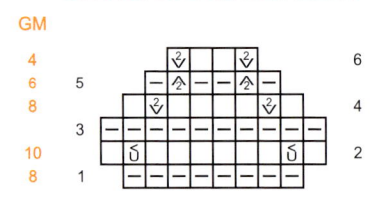

Für das Innenohr schaut man den Affen von vorn an.

In Beige direkt an der Innenseite des Außenohrs 7 Maschen aufnehmen.

1. Reihe: Links stricken = 7 M.

2. Reihe: Rechts stricken.

3. Reihe: Links stricken.

4. Reihe: 2 Maschen rechts zusammenstricken, 3 Maschen rechts stricken, 2 Maschen rechts zusammenstricken = 5 M.

Die Maschen links abketten.

Das Innenohr mit beigem Faden unsichtbar auf das Außenohr festnähen.

Das 2. Ohr in gleicher Weise aufnehmen.

Die Strickschrift Innenohr Affe stellt alle Maschen dar.

Strickschrift Innenohr Affe

Strickschrift Außenohr Affe

39

ZWEI FREUNDE DIE SICH MÖGEN
MERLE MAUS & ENGELBERT ELEFANT

Maus • Gesamtgröße ca. 15 cm | **Elefant** • Gesamtgröße ca. 18 cm

MERLE MAUS

Material
- ca. 25 g Sockengarn in Braun (80 % Super Merino, 20 % Nylon, LL 210 m/50 g)
- Stickgarn in Schwarz und Hellrosa
- ca. 10 g Füllwatte
- Nadelspiel 2,25 mm

So wird's gemacht

Der Körper mit Hinterkopf:
Den Baustein Körper nach Anleitung von 1.–47. Runde und direkt anschließend Baustein Hinterkopf stricken.

Die Beine & Füße:
Die Beine mit jeweils 15 Runden und mit anschließendem Sockenfuß stricken.

Die Arme & Hände:
Die Arme mit jeweils 15 Runden und mit anschließender Daumenhand stricken.

Der Mäuse-Schwanz:
Der Schwanz wird nicht mit Füllwatte ausgestopft.
Die 2 x 5 stillgelegten Maschen auf ein Nadelspiel aufnehmen.
In Runden ca. 6 cm glatt rechts stricken = 10 GM.
Nächste Runde: 1 x 2 Maschen zusammenstricken = 9 GM. 2 cm stricken.
Nächste Runde: 1 x 2 Maschen zusammenstricken = 8 GM. 2 cm stricken.
Nächste Runde: 2 x 2 Maschen zusammenstricken = 6 GM. 1 Runde stricken.
Den Faden abschneiden und durch die verbleibenden Maschen ziehen.

Das Gesicht:
Den Baustein Spitznasen-Gesicht nach Anleitung stricken.
Dann die Augen in Schwarz und die Nase in Rosa aufsticken.

41

Die Ohren:

Für ein Ohr 2 x 11 Maschen aufnehmen.

Für das linke Ohr, die Maus schaut nach vorne: 4 Maschen auf dem Kopf und 7 Maschen seitlich, dann von der anderen Seite 7 Maschen seitlich und 4 Maschen auf dem Kopf aufnehmen = 22 GM.

1. + 2. Nadel = 1. Nadel und 3. + 4. Nadel = 2. Nadel.

Es werden die Maschen der 1. Nadel beschrieben und auf der 2. Nadel wiederholt.

1. Runde: Zur Runde schließen und stricken.

2. Runde: 1 Masche stricken, 1 Masche zunehmen, 10 Maschen stricken = 24 GM.

3. Runde: 1 Masche stricken, 1 Masche zunehmen, 10 Maschen stricken, 1 Masche zunehmen, 1 Masche stricken = 28 GM.

4. Runde: Stricken.

5. Runde: 1 Masche stricken, 1 Masche zunehmen, 12 Maschen stricken, 1 Masche zunehmen, 1 Masche stricken = 32 GM.

6.–9. Runde: Stricken.

10. Runde: 2 Maschen zusammenstricken, 12 Maschen stricken, 2 Maschen zusammenstricken = 28 GM.

11. Runde: 2 Maschen zusammenstricken, 10 Maschen stricken, 2 Maschen zusammenstricken = 24 GM.

12. Runde: 2 Maschen zusammenstricken, 8 Maschen stricken, 2 Maschen zusammenstricken = 20 GM.

13. Runde: 2 Maschen zusammenstricken, 6 Maschen stricken, 2 Maschen zusammenstricken = 16 GM.

14. Runde: 2 Maschen zusammenstricken, 4 Maschen stricken, 2 Maschen zusammenstricken = 12 GM.

Dann die restlichen Maschen gemeinsam abketten.

Für das rechte Ohr, die Maus schaut nach vorne: 7 Maschen seitlich und 4 Maschen auf dem Kopf, dann von der anderen Seite 4 Maschen auf dem Kopf und 7 Maschen seitlich aufnehmen.

Das rechte Ohr in gleicher Weise stricken.

Die Strickschrift Ohr Maus stellt die Maschen der 1. Nadel dar.

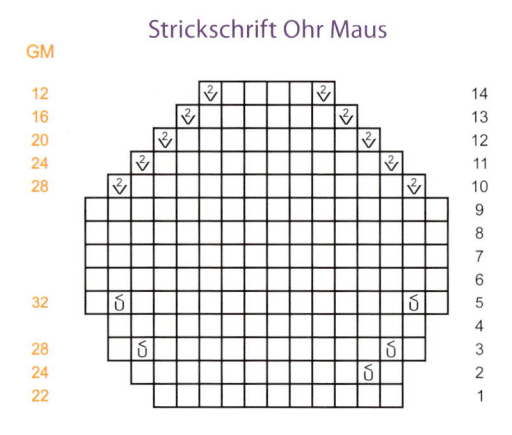

Strickschrift Ohr Maus

GM		Runde
12		14
16		13
20		12
24		11
28		10
		9
		8
		7
		6
32		5
		4
28		3
24		2
22		1

42

ENGELBERT ELEFANT

Material

- ca. 30 g Sockengarn in Hellgrau und
  ca. 50 cm Sockengarn in Dunkelgrau oder Schwarz
  (80 % Super Merino, 20 % Nylon, LL 210 m/50 g)
- Stickgarn in Schwarz
- ca. 10 g Füllwatte
- Nadelspiel 2,25 mm

So wird's gemacht

Der Körper:

Der Elefant bekommt einen dicken Bauch!

1.–20. Runde: Den Baustein Körper nach Anleitung stricken.

Maschenverteilung: 13/12/13/12 = 50 GM.

Es werden alle Maschen auf allen Nadeln beschrieben.

21. Runde: 13 + 12 Maschen stricken, 2 Maschen stricken, 1 Masche zunehmen, 2 Maschen stricken, 1 Masche zunehmen, 2 Maschen stricken, 1 Masche zunehmen, 1 Masche stricken, 1 Masche zunehmen, 2 Maschen stricken, 1 Masche zunehmen, 2 Maschen stricken, 1 Masche zunehmen, 2 Maschen stricken, 12 Maschen stricken. 13/12/19/12 = 56 GM.

22.–30. Runde: Stricken.

31. Runde: 13 + 12 Maschen stricken, * 1 Masche stricken, 2 Maschen zusammenstricken *, von * bis * noch 5 x wiederholen, 1 Masche stricken, 12 Maschen stricken. 13/12/13/12 = 50 GM.

32.–47. Runde: Wieder nach Anleitung Baustein Körper stricken.

Der Hinterkopf:

Direkt anschließend den Baustein Hinterkopf stricken.

Die Beine:

Die Beine von Engelbert Elefant werden etwas kräftiger gestrickt. Für die Anleitung und die Strickschrift gilt: 1. + 2. Nadel = 1. Nadel, 3. + 4. Nadel = 2. Nadel.

Es werden die Maschen der 1. Nadel beschrieben und auf der 2. Nadel wiederholt.

1.–4. Runde: Nach Baustein Bein stricken = 12 GM.

5. Runde: 1 Masche stricken, 1 Masche zunehmen, 2 Maschen stricken, 1 Masche zunehmen, 2 Maschen stricken, 1 Masche zunehmen, 1 Masche stricken = 18 GM.

6.–18. Runde: Stricken.

Die Füße:

1. Runde: * 1 Masche stricken, 1 Masche zunehmen *, von * bis * noch 6 x wiederholen, 2 Maschen stricken = 32 GM.

2.–15. Runde: Wie Baustein Huffuß stricken, allerdings ohne Zunahme in der 4. Runde.

Die Arme & Hände:

Die Arme mit jeweils 20 Runden und mit anschließender Hufhand stricken.

43

Das Schwänzchen:

Die 2 x 5 stillgelegten Maschen auf ein Nadelspiel aufnehmen.

1. + 2. Nadel = 1. Nadel und 3. + 4. Nadel = 2. Nadel.

Es werden die Maschen der 1. Nadel beschrieben und auf der 2. Nadel wiederholt.

1.–3. Runde: Zur Runde schließen und stricken = 10 GM.

4. Runde: 1 Masche stricken, 2 Maschen zusammenstricken, 2 Maschen stricken = 8 GM.

5.–6. Runde: Stricken.

7. Runde: 1 Masche stricken, 2 Maschen zusammenstricken, 1 Masche stricken = 6 GM.

8.–10. Runde: Stricken.

Den Faden abschneiden und durch die verbleibenden Maschen ziehen, nicht zuziehen. Dunkelgraues oder schwarzes Sockengarn ein paar mal um 2 Finger wickeln, an einer Seite den Faden um die Schlingen wickeln, den Faden festziehen und in das Ende des Schwänzchens stecken, jetzt die Maschen zuziehen und den Faden vernähen.

Die Strickschrift Schwänzchen Elefant stellt die Maschen der 1. Nadel dar.

Strickschrift Schwänzchen Elefant
GM

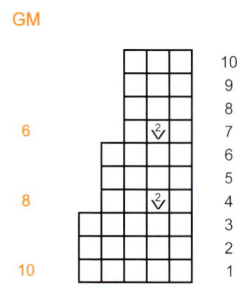

Das Gesicht:

1.–5. Runde: Nach Baustein Augenpartie stricken. 9/9/9/9 = 36 GM. Den Körper und den Kopf mit Füllwatte ausstopfen.

Dann den Rüssel stricken. Es werden verkürzte Runden gestrickt. Es werden alle zu strickenden Maschen beschrieben. Den Rüssel immer nach ca 10 Runden mit Füllwatte ausstopfen.

Rundenbeginn: 1. Masche/1. Nadel.

1. Runde: Rechts stricken. 4 Maschen stricken, aus der nächsten Masche 3 Maschen herausstricken, 4 Maschen stricken. Arbeit wenden. 11/9/9/9 = 38 GM.

2. Runde: Links stricken. 11 Maschen stricken. Arbeit wenden.

3. Runde: Rechts stricken. 5 Maschen stricken, aus der nächsten Masche 3 Maschen herausstricken, 4 Maschen stricken, 3 Maschen zusammenstricken. Arbeit wenden. 13/7/9/9 = 38 GM.

4. Runde: Links stricken. 12 Maschen stricken, 3 Maschen zusammenstricken. Arbeit wenden. 13/7/9/7 = 36 GM.

5. Runde: Rechts stricken. 13 Maschen stricken. Arbeit wenden.

6. Runde: Links stricken. 13 Maschen stricken. Arbeit wenden.

7. Runde: Rechts stricken. 13 + 7 Maschen stricken, 1 Masche stricken, 2 Maschen zusammenstricken, 3 Maschen stricken, 2 Maschen zusammenstricken, 1 Masche stricken, 7 Maschen stricken. 13/7/7/7 = 34 GM.

8. Runde: 4 Maschen rechts stricken, die nächsten 5 Maschen rechts-links-rechts stricken, 4 Maschen rechts stricken. Arbeit wenden.

9. Runde: Links stricken. 13 Maschen stricken. Arbeit wenden.

10. Runde: Rechts stricken. 12 Maschen stricken, 2 Maschen zusammenstricken, 2 Maschen zusammenstricken. Arbeit wenden. 12/6/7/7 = 32 GM.

11. Runde: Links stricken. 1 Masche stricken, 11 Maschen stricken, 2 Maschen zusammenstricken. Arbeit wenden. 12/6/7/6 = 31 GM.

12. Runde: Rechts stricken. Alle Maschen stricken.

13. Runde: Rechts stricken. 1 Masche stricken, 2 Maschen zusammenstricken, 5 Maschen stricken, 2 Maschen zusammenstricken, 1 Masche stricken, 2 Maschen zusammenstricken, 3 Maschen stricken, 2 Maschen zusammenstricken, 2 Maschen stricken, 2 Maschen zusammenstricken, 2 Maschen stricken, 2 Maschen zusammenstricken, 3 Maschen stricken, 2 Maschen zusammenstricken. 9/5/5/5 = 24 GM.

Die 14. Runde wird über mehrere Hin- und Rückreihen gestrickt.

14. Runde: 3 Maschen rechts stricken, die nächsten 3 Maschen rechts-links stricken, Arbeit wenden. 4 Maschen rechts stricken. Arbeit wenden. 5 Maschen links stricken. Arbeit wenden. 6 Maschen rechts stricken. Arbeit wenden. 7 Maschen links stricken. Arbeit wenden. 8 Maschen rechts stricken, 2 Maschen (2. Nadel) zusammenstricken, 3 Maschen stricken. Arbeit wenden. 4 + 9 Maschen links stricken, 2 Maschen (4. Nadel) links zusammenstricken. Arbeit wenden.

15. Runde: Rechts stricken. Alle Maschen stricken. 9/4/5/4 = 22 GM.

16. Runde: Rechts stricken. Alle Maschen stricken.

17. Runde: Rechts stricken. 9 + 4 Maschen stricken. Arbeit wenden.

18. Runde: Links stricken. 4 + 9 + 4 Maschen stricken. Arbeit wenden.

19. Runde: Rechts stricken. 4 + 9 + 4 Maschen stricken, 2 Maschen zusammenstricken. Arbeit wenden. 9/4/4/4 = 21 GM.

20. Runde: Links stricken. 1 + 4 + 9 + 4 Maschen stricken, 2 Maschen (3. Nadel) zusammenstricken. Arbeit wenden. 9/4/3/4 = 20 GM.

21.–30. Runde: Rechts stricken. Alle Maschen stricken.

31. Runde: Rechts stricken. 2 Maschen zusammenstricken, 5 Maschen stricken, 2 Maschen zusammenstricken, 4 + 3 + 4 Maschen stricken. 7/4/3/4 = 18 GM.

32.–36. Runde: Rechts stricken. Alle Maschen stricken.

37. Runde: Rechts stricken. 2 Maschen zusammenstricken, 3 Maschen stricken, 2 Maschen zusammenstricken, 4 + 3 + 4 Maschen stricken. 5/4/3/4 = 16 GM.

38.–42. Runde: Rechts stricken. Alle Maschen stricken.

43. Runde: Rechts stricken. 2 Maschen zusammenstricken, 1 Masche stricken, 2 Maschen zusammenstricken, 4 + 3 + 4 Maschen stricken. 3/4/3/4 = 14 GM.

44.–48. Runde: Rechts stricken. Alle Maschen stricken.

49. Runde: Links stricken. Alle Maschen stricken.

50. Runde: Rechts stricken. 3 Maschen zusammenstricken, 2 x 2 Maschen zusammenstricken, 3 Maschen zusammenstricken, 2 x 2 Maschen zusammenstricken. 1/2/1/2 = 6 GM.

Den Faden abschneiden und durch die verbleibenden Maschen ziehen.

Die Augen mit schwarzem Stickgarn aufsticken.

Die Ohren:

1. + 2. Nadel = 1. Nadel. und 3. + 4. Nadel = 2. Nadel.

Es werden die Maschen der 1. Nadel beschrieben und auf der 2. Nadel wiederholt.

Für ein Ohr 2 x 16 Maschen aufnehmen.

Für das linke Ohr, der Elefant schaut nach vorne: 4 Maschen auf dem Kopf und 12 Maschen seitlich, dann von der anderen Seite 12 Maschen seitlich und 4 Maschen auf dem Kopf aufnehmen = 32 GM.

1.–2. Runde: Zur Runde schließen und stricken = 32 GM.

3. Runde: 1 Masche stricken, 1 Masche zunehmen, 14 Maschen stricken, 1 Masche zunehmen, 1 Masche stricken = 36 GM.

4. Runde: Stricken.

5. Runde: 1 Masche stricken, 1 Masche zunehmen, 16 Maschen stricken, 1 Masche zunehmen, 1 Masche stricken = 40 GM.

6. Runde: Stricken.

7. Runde: 1 Masche stricken, 1 Masche zunehmen, 18 Maschen stricken, 1 Masche zunehmen, 1 Masche stricken = 44 GM.

8.–12. Runde: Stricken.

13. Runde: 2 Maschen zusammenstricken, 18 Maschen stricken, 2 Maschen zusammenstricken = 40 GM.

14. Runde: Stricken.

15. Runde: 2 Maschen zusammenstricken, 16 Maschen stricken, 2 Maschen zusammenstricken = 36 GM.

16. Runde: Stricken.

17. Runde: 2 Maschen zusammenstricken, 14 Maschen stricken, 2 Maschen zusammenstricken = 32 GM.

18. Runde: Stricken.

19. Runde: * 2 Maschen zusammenstricken, 1 Masche stricken, 2 Maschen zusammenstricken, 1 Masche stricken, 2 Maschen zusammenstricken *, von * bis * noch 1 x wiederholen = 20 GM.

20. Runde: Stricken.

21. Runde: 5 x 2 Maschen zusammenstricken = 10 GM.

Dann die restlichen Maschen gemeinsam abketten.

Für das rechte Ohr, der Elefant schaut nach vorne: 12 Maschen seitlich und 4 Maschen auf dem Kopf, dann von der anderen Seite 4 Maschen auf dem Kopf und 12 Maschen seitlich aufnehmen. Das rechte Ohr in gleicher Weise stricken.

Die Strickschrift Ohr Elefant stellt die Maschen der 1. Nadel dar.

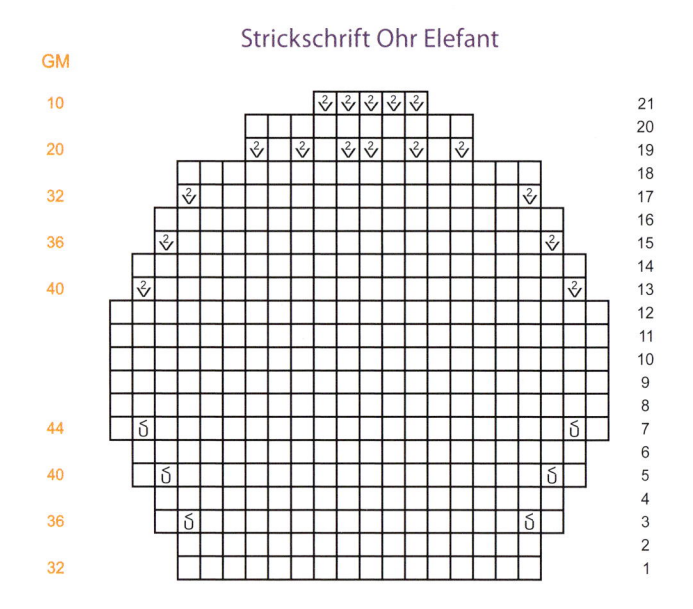

Strickschrift Ohr Elefant

47

ZWEI FREUNDE VON DER WIESE
FRODO FROSCH & MANNI MAULWURF

Frosch • Gesamtgröße ca. 16 cm | **Maulwurf** • Gesamtgröße ca. 16 cm

FRODO FROSCH

Material
- ca. 25 g Sockengarn in Hellgrün (75 % Wolle, 25 % Polyamid, LL 420 m/100 g)
- Stickgarn in Schwarz
- ca. 10 g Füllwatte
- Nadelspiel 2,25 mm

So wird's gemacht

Der Körper mit Hinterkopf:
Den Baustein Körper nach Anleitung von 1.–45. Runde stricken. Frodo Frosch bekommt einen kurzen Hals.
In der 15. + 18. Runde keine Maschen für den Schwanz aufnehmen.
Direkt anschließend den Baustein Hinterkopf stricken.

Die Beine & Füße:
Die Beine sollen extra lang und dünn werden.
Die Beine mit jeweils 30 Runden stricken, ohne Maschenzunahme in der 5. Runde = 12 GM.
Den Baustein Sockenfuß direkt anstricken, dabei die geänderte Anleitung in der 1. Runde beachten.
1. Runde: 1 Masche stricken, 1 Masche zunehmen, 2 Maschen stricken, 1 Masche zunehmen, 2 Maschen stricken, 1 Masche zunehmen, 1 Masche stricken = 18 GM.
2.–18. Runde: Nach Anleitung Sockenfuß stricken.

Die Arme & Hände:
Die Arme mit jeweils 15 Runden und mit anschließender 4-Finger-Hand stricken.

Das Gesicht:
Rundenbeginn: 1. Masche der 4 stillgelegten Maschen/4. Nadel.
Das Gesicht wird in Hin- und Rückrunden gestrickt.
Es werden alle Maschen auf allen Nadeln beschrieben.
1. Runde: Aufnahmerunde. 4 stillgelegte Maschen stricken, 8 Maschen aufnehmen, 9 Maschen stricken, 8 Maschen aufnehmen, 4 stillgelegte Maschen stricken, 9 Maschen stricken. 12/9/12/9 = 42 M.
2. Runde: 2 Maschen rechts zusammenstricken, 10 + 9 + 10 Maschen stricken, 2 Maschen rechts zusammenstricken. Maschen/3. Nadel stilllegen. 11/9/11 = 31 M. Arbeit wenden.
3. Runde: 2 Maschen links zusammenstricken, 9 + 9 + 9 Maschen links stricken, 2 Maschen links zusammenstricken. 10/9/10 = 29 M. Arbeit wenden.
4. Runde: 2 Maschen rechts zusammenstricken, 8 + 9 + 8 Maschen stricken, 2 Maschen rechts zusammenstricken, 9 Maschen rechts stricken = 36 GM.
5 Maschen auf 1. Nadel stricken.
Dann werden die Maschen umverteilt:
6.–9. Masche/1. Nadel, 9 Maschen/2. Nadel, 1.–5. Masche/3. Nadel = 18 Maschen auf 1. Nadel/neue Runde.
6.–9. Masche/3. Nadel, 9 Maschen/4. Nadel, 1.–5. Masche/1. Nadel = 18 Maschen auf 2. Nadel/neue Runde.
1. + 2. Nadel = 1. Nadel und 3. + 4. Nadel = 2. Nadel.

48

49

Es werden die Maschen der 1. Nadel beschrieben und auf der 2. Nadel wiederholt.

5. Runde: Alle Maschen stricken.

Den Körper und den Kopf mit Füllwatte ausstopfen.

In der 6.–10. Runde werden in jeder Runde die Maschen der 1. Nadel immer 3 x gestrickt: rechts stricken, Arbeit wenden, links stricken, Arbeit wenden, rechts stricken. Hierbei werden in der 1. rechten Hinreihe die Abnahmen vorgenommen.

Erst dann werden die Maschen der 2. Nadel gestrickt. Die Maschen der 2. Nadel werden in jeder Runde nur 1 x gestrickt, es gelten die gleichen Abnahmen.

6. Runde:

Auf 1. Nadel: 1 Masche stricken, 2 Maschen rechts zusammenstricken, 12 Maschen stricken, 2 Maschen rechts zusammenstricken, 1 Masche stricken, Arbeit wenden, 16 Maschen links stricken, Arbeit wenden, 16 Maschen rechts stricken.

Auf 2. Nadel: 1 Masche stricken, 2 Maschen rechts zusammenstricken, 12 Maschen stricken, 2 Maschen rechts zusammenstricken, 1 Masche stricken = 32 GM.

7. Runde:

Auf 1. Nadel: 1 Masche stricken, 2 Maschen rechts zusammenstricken, 10 Maschen stricken, 2 Maschen rechts zusammenstricken, 1 Masche stricken, Arbeit wenden, 14 Maschen links stricken, Arbeit wenden, 14 Maschen rechts stricken.

Auf 2. Nadel: 1 Masche stricken, 2 Maschen rechts zusammenstricken, 10 Maschen stricken, 2 Maschen rechts zusammenstricken, 1 Masche stricken = 28 GM.

8. Runde:

Auf 1. Nadel: 1 Masche stricken, 2 Maschen rechts zusammenstricken, 8 Maschen stricken, 2 Maschen rechts zusammenstricken, 1 Masche stricken, Arbeit wenden, 12 Maschen links stricken, Arbeit wenden, 12 Maschen rechts stricken.

Auf 2. Nadel: 1 Masche stricken, 2 Maschen rechts zusammenstricken, 8 Maschen stricken, 2 Maschen rechts zusammenstricken, 1 Masche stricken = 24 GM.

9. Runde:

Auf 1. Nadel: 1 Masche stricken, 2 Maschen rechts zusammenstricken, 6 Maschen stricken, 2 Maschen rechts zusammenstricken, 1 Masche stricken, Arbeit wenden, 10 Maschen links stricken, Arbeit wenden, 10 Maschen rechts stricken.

Auf 2. Nadel: 1 Masche stricken, 2 Maschen rechts zusammenstricken, 6 Maschen stricken, 2 Maschen rechts zusammenstricken, 1 Masche stricken = 20 GM.

Mit Füllwatte ausstopfen.

10. Runde:

Auf 1. Nadel: 1 Masche stricken, 2 Maschen rechts zusammenstricken, 4 Maschen stricken, 2 Maschen rechts zusammenstricken, 1 Masche stricken, Arbeit wenden, 8 Maschen links stricken, Arbeit wenden, 8 Maschen rechts stricken.

Auf 2. Nadel: 1 Masche stricken, 2 Maschen rechts zusammenstricken, 6 Maschen stricken, 2 Maschen rechts zusammenstricken, 1 Masche stricken = 16 GM.

11. Runde:

Auf 1. Nadel: 1 Masche stricken, 2 Maschen rechts zusammenstricken, 2 Maschen stricken, 2 Maschen rechts zusammenstricken, 1 Masche stricken.

Auf 2. Nadel: 1 Masche stricken, 2 Maschen rechts zusammenstricken, 2 Maschen stricken, 2 Maschen rechts zusammenstricken, 1 Masche stricken = 12 GM.

Vor dem Zuziehen gegebenenfalls noch etwas Füllwatte nachstopfen.

Dann den Faden abschneiden und durch die verbleibenden Maschen ziehen.

Die Strickschriften Gesicht Frosch beschreiben jeweils alle Maschen der 1. und 2. Nadel ab der 5. Runde.

Strickschriften Gesicht Frosch

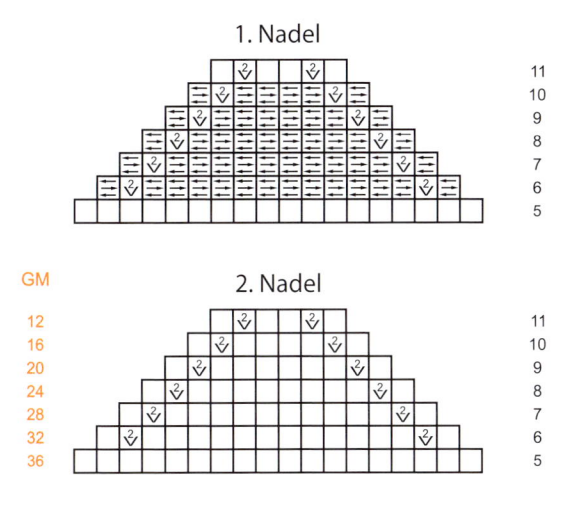

1. Nadel

2. Nadel

Die Augen:

Die Maschen für die Augen werden in einem „weichen Dreieck" aufgenommen, sodass sie mit Füllwatte ausgestopft werden können. 8 + 4 + 4 + 4 Maschen aufnehmen, siehe Schema.

Maschenaufnahme linkes Auge: Man sieht auf das Gesicht. Man beginnt mit den 8 Maschen direkt an der Käppchen-Kante von unten nach oben, dann 4 Maschen leicht versetzt aufnehmen, dann 4 Maschen parallel zu den ersten Maschen, dann 4 Maschen leicht versetzt, so dass man wieder bei der 1. Masche angelangt.

Schema Maschenaufnahme für das Auge Frosch

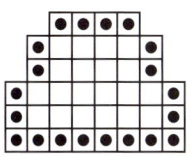

Es werden alle Maschen auf allen Nadeln beschrieben.

1. Runde: Zur Runde schließen und stricken = 20 GM.

2.–3. Runde: Stricken.

4. Runde: 2 Maschen zusammenstricken, 4 Maschen stricken, 2 x 2 Maschen zusammenstricken, 2 + 4 + 2 Maschen stricken, 2 Maschen zusammenstricken = 16 GM.

5. Runde: 2 Maschen zusammenstricken, 2 Maschen stricken, 2 x 2 Maschen zusammenstricken, 1 + 1 Maschen stricken, 2 Maschen zusammenstricken, 1 + 1 Maschen stricken, 2 Maschen zusammenstricken = 11 GM.

Das Froschauge mit etwas Füllwatte ausstopfen.

6. Runde: 3 x 2 Maschen zusammenstricken, 3 Maschen stricken, 2 Maschen zusammenstricken = 5 GM.

Den Faden abschneiden und durch die verbleibenden Maschen ziehen.

Die Strickschrift Auge Frosch stellt alle Maschen auf allen Nadeln dar.

Strickschrift Auge Frosch

Die Pupille in Schwarz direkt in der Mitte des Auges an die Kante zum Maul aufsticken.

MANNI MAULWURF

Material

- ca. 35 g Sockengarn in Schwarz und 5 g in Rosa (75 % Schurwolle, 25 % Polyamid, LL 210 m/50 g)
- ca. 10 g dünnes Mohairgarn in Schwarz (65 % Super Kid Mohair, 30 % Polyamid, 5 % Schurwolle, LL 250 m/25 g)
- Stickgarn in Schwarz und Hellrosa
- ca. 10 g Füllwatte
- Nadelspiel 2,5 mm

So wird's gemacht

Der Maulwurf wird mit einem Faden schwarzem Sockengarn und einem Faden dünnem Mohair in Schwarz gestrickt.

Der Körper mit Hinterkopf:

1.–32. Runde: Nach Baustein Körper stricken.
In der 15. + 18. Runde keine Maschen für den Schwanz aufnehmen. 3 zusätzliche Runden stricken.
33.–44. Runde: Nach Anleitung zu Ende stricken.
Der Maulwurf bekommt einen kurzen Hals.
Direkt anschließend den Baustein Hinterkopf stricken.

Die Beine & Füße:

Der Maulwurf bekommt sehr kurze Beine.
1. + 2. Nadel = 1. Nadel, 3. + 4. Nadel = 2. Nadel.
Es werden die Maschen der 1. Nadel beschrieben und auf der 2. Nadel wiederholt.
1. Runde: Stricken und zur Runde schließen = 12 GM.
2.–3. Runde: Stricken.
4. Runde: 1 Masche stricken, 1 Masche zunehmen, 4 Maschen stricken, 1 Masche zunehmen, 1 Masche stricken = 16 GM.
5.–6. Runde: Stricken.
7. Runde: 4 Maschen stricken, 1 Masche zunehmen, 4 Maschen stricken = 18 GM.
8. Runde: Stricken.
Den Baustein Sockenfuß ab 2. Runde direkt im Anschluss nach Anleitung stricken.

Die Strickschrift Bein Maulwurf stellt alle Maschen der 1. Nadel dar.

Strickschrift Bein Maulwurf

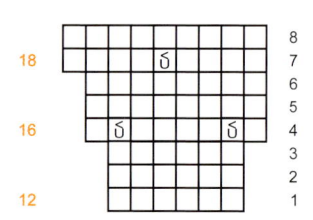

Die Arme & Hände:

Die Arme mit jeweils 15 Runden stricken.
Anschließend den Baustein Daumenhand stricken.
1.–4. Runde und die Maschen für den Daumen in Schwarz arbeiten.
Restliche Hand in Rosa stricken. Den Arm nur wenig oder gar nicht mit Füllwatte ausstopfen, die Hand ausstopfen.

Das Gesicht:

Den Baustein Spitznasen-Gesicht nach Anleitung stricken.
Die Augen mit schwarzem Garn aufsticken und fest in den Kopf einziehen, sodass eine Vertiefung entsteht.
Die Nase in Hellrosa aufsticken.

53

ZWEI FREUNDE VON GANZ WEIT WEG
ZECILIA ZEBRA & LEANDER LÖWE

Zebra • Gesamtgröße ca. 18 cm | Löwe • Gesamtgröße ca. 17 cm

ZECILIA ZEBRA

Material
- je ca. 15 g Sockengarn in Schwarz und Weiß (80 % Super Merino, 20 % Nylon, LL 210 m/50 g)
- Stickgarn in Schwarz
- ca. 10 g Füllwatte
- Nadelspiel 2,25 mm

So wird's gemacht
Das Zebra bekommt natürlich Streifen. Der Körper wird abwechselnd mit je 3 Runden Schwarz und 3 Runden Weiß gestrickt. Der Hinterkopf, Arme, Beine, Schwanz und Gesicht werden mit abwechseln je 2 Runden Schwarz und 2 Runden Weiß gestrickt.
Die Hufe, die Ohren und der Abschluss der Nase werden in Schwarz gestrickt.

Der Körper mit Hinterkopf:
Den Baustein Körper nach Anleitung stricken, mit Weiß beginnen. Mit der 45. Runde in Weiß enden.
Anschließend den Baustein Hinterkopf direkt anstricken.

1. Runde: In Schwarz stricken.
2. Runde: Nicht stricken.
3. Runde: In Schwarz stricken und Maschen aufteilen.
4. Reihe: In Schwarz Stricken.
5. + 6. Reihe: In Weiß stricken.
7.–28. Reihe: Nach Anleitung Hinterkopf im Farbwechsel stricken.

Die Beine & Füße:
1. Runde: In Schwarz stricken.
2.–3. Runde: In Weiß stricken.
4.–27. Runde: Weiter mit je 2 Runden pro Farbe stricken. In der 5. Runde Zunahme beachten = 16 GM.
Dann den Baustein Huffuß direkt in Schwarz anstricken.
Das 2. Bein mit Fuß in gleicher Weise stricken.

Die Arme & Hände:
1. Runde: In Schwarz stricken.
2.–3. Runde: In Weiß stricken.
4.–19. Runde: Weiter mit je 2 Runden pro Farbe stricken. In der 5. Runde Zunahme beachten = 12 GM.
Direkt die Hufhand in Schwarz stricken.
Den 2. Arm mit Hand in gleicher Weise stricken.

55

Das Schwänzchen:

1. + 2. Nadel = 1. Nadel und 3. + 4. Nadel = 2. Nadel.
Es werden die Maschen der 1. Nadel beschrieben und auf der 2. Nadel wiederholt.

1. Runde: Zur Runde schließen und in Schwarz stricken = 10 GM.
2.–3. Runde: In Weiß stricken.
4.–5. Runde: In Schwarz stricken.
6. Runde: In Weiß stricken. 2 Maschen stricken, 2 Maschen zusammenstricken, 1 Masche stricken = 8 GM.
7.–11. Runde: Im Farbwechsel stricken.
12. Runde: In Schwarz 1 Masche stricken, 2 Maschen zusammenstricken, 1 Masche stricken = 6 GM.
13. Runde: Stricken.

Den Faden abschneiden und durch die verbleibenden Maschen ziehen, nicht zuziehen. Schwarzes Sockengarn ein paar mal um 2 Finger wickeln, an einer Seite den Faden um die Schlingen wickeln, den Faden festziehen und in das Ende des Schwänzchens stecken, jetzt die Maschen zuziehen und den Faden vernähen.

Die Strickschrift Schwänzchen Zebra stellt alle Maschen der 1. Nadel dar.

Strickschrift Schwänzchen Zebra

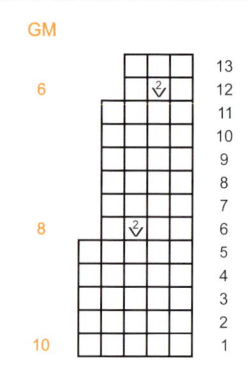

Das Gesicht:

Erst den Baustein Augenpartie, dann den Baustein Großnasen-Gesicht nach Anleitung mit jeweils einem Farbwechsel nach 2 Runden stricken. Mit Weiß beginnen.

Ab 20. Runde: Nur noch in Schwarz stricken.

Die Augen in Schwarz auf den weißen Streifen, der direkt an die Nase angrenzt, aufsticken.

Die Ohren:

1. + 2. Nadel = 1. Nadel und 3. + 4. Nadel = 2. Nadel.
Es werden die Maschen der 1. Nadel beschrieben und auf der 2. Nadel wiederholt.
Für ein Ohr 2 x 4 Maschen auf dem Kopf aufnehmen.

1. Runde: Zur Runde schließen und stricken.

2. Runde: 1 Masche stricken, 1 Masche zunehmen, 2 Maschen stricken, 1 Masche zunehmen, 1 Masche stricken = 12 GM.

3. Runde: Stricken.

4. Runde: 3 Maschen stricken, 1 Masche zunehmen, 3 Maschen stricken = 14 GM.

5.–8. Runde: Stricken.

9. Runde: 2 Maschen stricken, 3 Maschen zusammenstricken, 2 Maschen stricken = 10 GM.

10. Runde: Stricken.

11. Runde: 2 Maschen zusammenstricken, 1 Masche stricken, 2 Maschen zusammenstricken = 6 GM.

Den Faden abschneiden und durch die verbleibenden Maschen ziehen.

Das 2. Ohr in gleicher Weise stricken. Zwischen den Ohren ca. 3 Maschen Abstand.

Die Strickschrift Ohr Zebra stellt alle Maschen der 1. Nadel dar.

Strickschrift Ohr Zebra

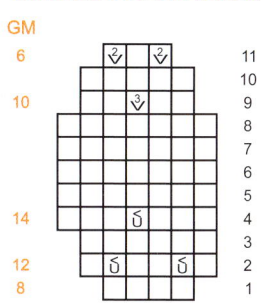

Für den Haarbüschel zwischen den Ohren schwarzes Sockengarn ein paar mal um 2 Finger wickeln, an einer Seite den Faden um die Schlingen wickeln, festziehen und zwischen den Ohren festnähen.

Leander Löwe

Material

- ca. 25 g Sockengarn in Goldgelb
  (80 % Super Merino, 20 % Nylon, LL 210 m/50 g)
- ca. 10 g Fransengarn in Gelb (91 % Polyamid, 9 % Polyester)
- Stickgarn in Schwarz und Dunkelbraun
- ca. 10 g Füllwatte
- Nadelspiel 2,25 mm

So wird's gemacht

Der Körper:

Den Baustein Körper nach Anleitung in goldgelbem Sockengarn stricken.

Der Hinterkopf:

Für den Hinterkopf das gelbe Fransengarn in den Hinreihen links und in den Rückreihen rechts stricken. Bei den linken Maschen fallen die Haare besser.

Die Beine & Füße:
Die Beine mit jeweils 20 Runden und mit anschließendem Sockenfuß stricken.

Die Arme & Hände:
Die Arme mit jeweils 20 Runden und mit anschließender Daumenhand stricken.

Das Schwänzchen:
Das Schwänzchen mit dem Sockengarn wie beim Zebra stricken. Den Faden abschneiden und durch die Maschen ziehen, nicht zuziehen. Mit gelbem Nähfaden ca. 10 cm vom Fransengarn so auffädeln, dass man es rund zusammenziehen kann, dies dann in den Schwanz stecken und nun die Maschen fest zuziehen.

Das Gesicht:
Das Gesicht wird mit Sockengarn gestrickt und wie das Katzengesicht gearbeitet.
Dabei muss man in den ersten 2–3 Runden darauf achten, dass keine Haare vom Hinterkopf eingestrickt werden.
Die Augen in schwarzem und die Nase in dunkelbraunem Stickgarn aufsticken.

Die Ohren:
Die Maschen für die Ohren in den Haaren aufnehmen.
1. + 2. Nadel = 1. Nadel und 3. + 4. Nadel = 2. Nadel.
Es werden die Maschen der 1. Nadel beschrieben und auf der 2. Nadel wiederholt.
Für ein Ohr 2 x 7 Maschen aufnehmen.
1. Runde: Zur Runde schließen und stricken = 14 GM.
2.–4. Runde: Stricken.
5. Runde: 2 Maschen zusammenstricken, 3 Maschen stricken, 2 Maschen zusammenstricken = 10 GM.
6. Runde: 2 Maschen zusammenstricken, 1 Masche stricken, 2 Maschen zusammenstricken = 6 GM.
Den Faden abschneiden und durch die verbleibenden Maschen ziehen.
Das 2. Ohr in gleicher Weise stricken.

Die Strickschrift Ohr Löwe stellt alle Maschen der 1. Nadel dar.

Strickschrift Ohr Löwe

GM		
6		6
10		5
		4
		3
		2
14		1

59

ZWEI FREUNDE SEIT URALTEN ZEITEN
SHEPARD SCHAF & PJOTR WOLF

Schaf • Gesamtgröße ca. 18 cm | Wolf • Gesamtgröße ca. 18 cm

SHEPARD SCHAF

Material

- ca. 20 g Flausch-Sockengarn in Weiß (39 % Schurwolle, 61 % Polyamid, LL125 m/ 50 g)
- ca. 10 g Sockengarn in Beige (80 % Super Merino, 20 % Nylon, LL 110 m/50 g)
- Stickgarn in Dunkelbraun
- ca. 10 g Füllwatte
- Nadelspiel 2,5 mm

So wird's gemacht

Der Körper mit Hinterkopf:

Den Baustein Körper nach Anleitung mit weißem Flausch-Sockengarn stricken.

In der 15. + 18. Runde keine Maschen für den Schwanz aufnehmen. Direkt anschließend Baustein Hinterkopf mit weißem Flausch-Sockengarn stricken.

Die Beine & Füße:

Für die Beine und Füße das beige Sockengarn verwenden.

1. + 2. Nadel = 1. Nadel und 3. + 4. Nadel = 2. Nadel.

Es werden die Maschen der 1. Nadel beschrieben und auf der 2. Nadel wiederholt.

1.–4. Runde: Zur Runde schließen und stricken.

5. Runde: Um das Schafsbein etwas dünner zu gestalten, wird nur 1 Masche pro Nadel zugenommen. 3 Maschen stricken, 1 Masche zunehmen, 3 Maschen stricken = 14 GM.

6.–25. Runde: Stricken.

Dann den Huffuß anstricken:

1. Runde: *1 Masche zunehmen, 1 Masche stricken *, von * bis * noch 6 x wiederholen = 28 GM.

2.–3. Runde: Stricken.

4. Runde: 1 Masche stricken, 1 Masche zunehmen, 12 Maschen stricken, 1 Masche zunehmen, 1 Masche stricken = 32 GM.

5.–10. Runde: Stricken.

11. Runde: Links stricken.

12. Runde: 8 x 2 Maschen zusammenstricken = 16 GM.

13.–14. Runde: Stricken.

15. Runde: 4 x 2 Maschen zusammenstricken.

Den Faden abschneiden und durch die verbleibenden Maschen ziehen.

Die Strickschrift Fuß Schaf stellt alle Maschen auf allen Nadeln dar.

Strickschrift Fuß Schaf

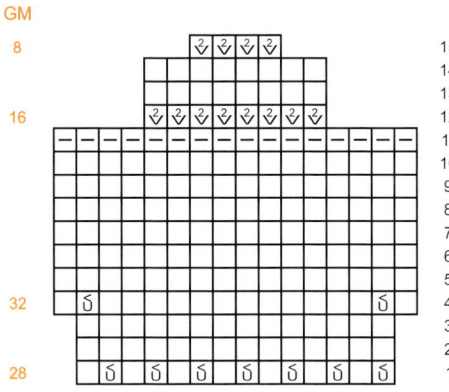

Das 2. Bein mit Huf in gleicher Weise stricken.

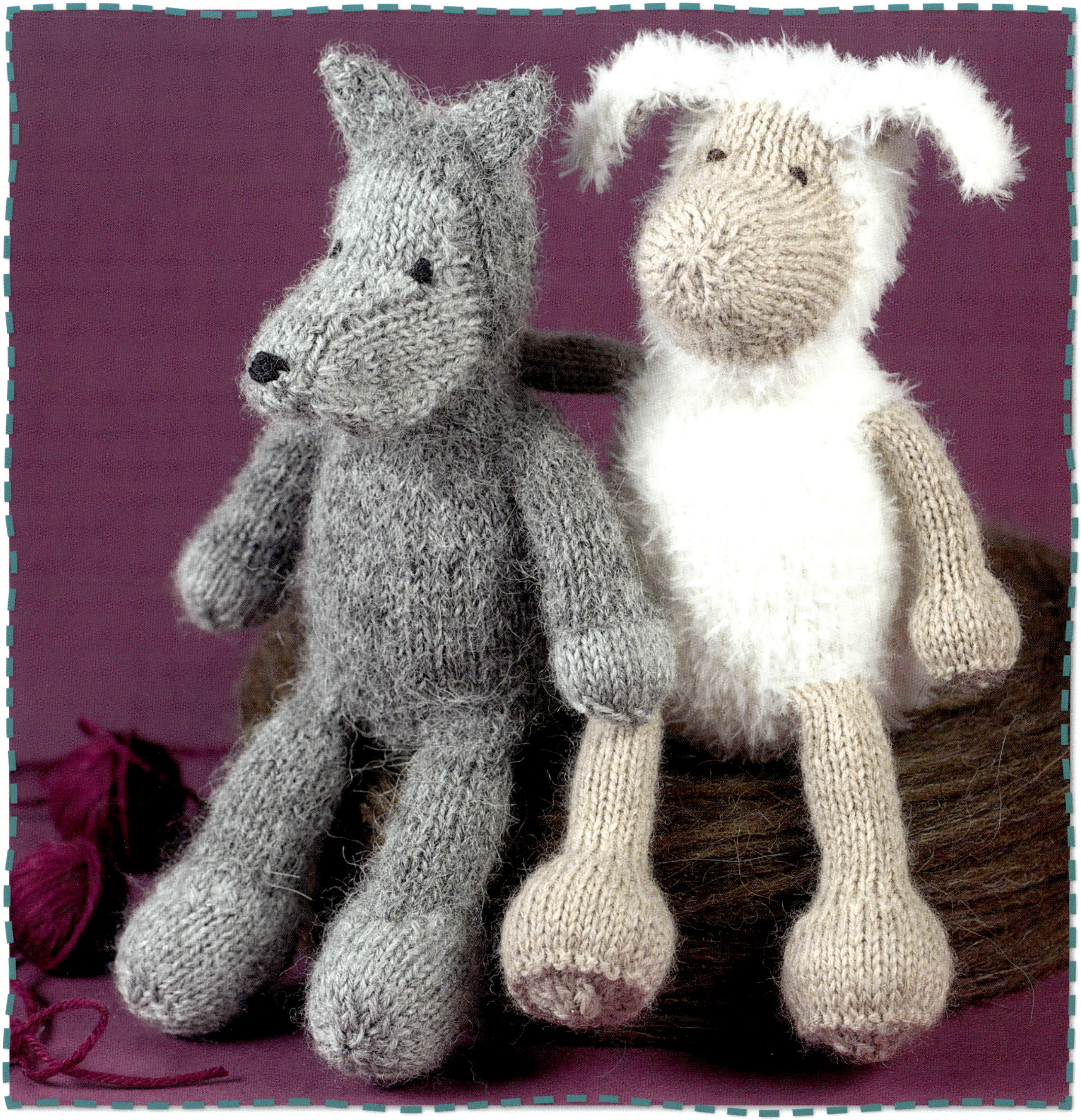

Die Arme & Hände:

Für die Arme und Hände das beige Sockengarn verwenden.

1. + 2. Nadel = 1. Nadel und 3. + 4. Nadel = 2. Nadel.

Es werden die Maschen der 1. Nadel beschrieben und auf der 2. Nadel wiederholt.

Den Arm in 20 Runden ohne Zunahme in der 5. Runde arbeiten. Den Huf direkt anstricken.

1. Runde: * 1 Masche stricken, 1 Masche zunehmen *, von * bis * noch 4 x wiederholen = 20 GM.

2.–6. Runde: Stricken.

7. Runde: Links stricken.

8. Runde: 5 x 2 Maschen zusammenstricken = 10 GM.

Den Faden abschneiden und durch die verbleibenden Maschen ziehen.

Die Strickschrift Hand Schaf stellt alle Maschen der 1. Nadel dar.

Strickschrift Hand Schaf

Das Gesicht:

Die stillgelegten Maschen von den Sicherheitsnadeln auf ein Nadelspiel heben.

Für das Gesicht das beige Sockengarn verwenden.

Es werden alle Maschen auf allen Nadeln beschrieben.

Es werden verkürzte Runden, in Hin- und Rückreihen gestrickt.

Rundenbeginn: 1. Masche/1. Nadel.

1. Runde: 9 Maschen stricken, 8 Maschen aufnehmen, 4 + 9 + 4 Maschen stricken, 8 Maschen aufnehmen. Maschenverteilung 9/12/9/12 = 42 GM.

2. Runde: Wie die 3. Runde/Augenpartie stricken. Maschenverteilung 9/10/9/10 = 38 GM.

3. Runde: Beginn 1. Masche /1. Nadel. Wie 4. Runde/Augenpartie stricken. 9/9/9/9 = 36 GM.

4. Runde: Stricken.

5. Runde: * 1 Masche stricken, 2 Maschen zusammenstricken, 3 Maschen stricken, 2 Maschen zusammenstricken, 1 Masche stricken *, von * bis * auf den anderen 3 Nadeln wiederholen = 28 GM.

6. Runde: Stricken.

Den Körper und den Kopf mit Füllwatte ausstopfen.

7. Runde: 14 Maschen rechts stricken, Maschen der 3. Nadel stilllegen. Arbeit wenden. 21 Maschen links stricken. Arbeit wenden. 21 Maschen rechts stricken, 1. Masche/3. Nadel rechts stricken. Arbeit wenden. 1. Masche/3. Nadel links stricken, 21 Maschen links stricken, letzte Masche/3. Nadel links stricken. Arbeit wenden. Letzte Masche/3. Nadel und 7 Maschen/4. Nadel rechts stricken.

8.–13. Runde: Wieder in Runden stricken.

Die Nase mit Füllwatte ausstopfen.

14. Runde: 14 x 2 Maschen zusammenstricken = 14 GM.

16. Runde: 7 x 2 Maschen zusammenstricken = 7 GM.

Vor dem Zuziehen gegebenenfalls noch etwas Füllwatte nachstopfen. Den Faden abschneiden und durch die verbleibenden Maschen ziehen.

Die Augen in Dunkelbraun aufsticken.

Die Ohren:

Die Ohren werden in 2 Teilen mit den 2 unterschiedlichen Garnen in Hin- und Rückreihen glatt rechts gestrickt. Das Außenohr mit dem weißen Flausch-Sockengarn. Das Innenohr mit dem beigefarbenen Garn.

Für das linke Außenohr an der Stirn beginnend, 5 Maschen auf gleicher Höhe quer am Kopf aufnehmen.

1. Reihe: 5 Maschen links stricken.

2. Reihe: 1 Masche stricken, 1 Masche zunehmen, 3 Maschen stricken, 1 Masche zunehmen, 1 Masche stricken = 7 M.

3.–15. Reihe: In Hin- und Rückreihen stricken.

16. Reihe: 1 Masche stricken, 2 Maschen rechts zusammenstricken, 1 Masche stricken, 2 Maschen rechts zusammenstricken, 1 Masche stricken = 5 M.
17. Reihe: 5 Maschen links stricken.
18. Reihe: 5 Maschen rechts zusammenstricken.

Für das Innenohr innen, an der rechten Seite des Außenohrs, 5 Maschen aufnehmen.
1. Reihe: Links stricken.
2. Reihe: Rechts stricken.
3.–15. Reihe: In Hin- und Rückreihen arbeiten.
16. Reihe: 2 Maschen zusammenstricken, 1 Masche stricken, 2 Maschen zusammenstricken = 3 M.
17. Reihe: Links stricken.
18. Reihe: 3 Maschen zusammenstricken.

Mit dem beigefarbenen Faden das Innenohr unsichtbar am Außenohr festnähen. Dadurch, dass das Innenohr etwas kleiner und schmaler ist, wölbt sich das Ohr etwas nach innen.

Die Maschen für das rechte Außenohr so aufnehmen, dass die 5. Masche direkt vorne an der Stirn ist. Das rechte Außen- und Innenohr in gleicher Weise wie das linke Ohr stricken.

PJOTR WOLF

Material

- ca. 25 g dünnes Alpakagarn in Mittelgrau (100 % Alpaka, LL180 m/ 50 g)
- ca. 5 g Sockengarn in Hellgrau (80 % Super Merino Wolle, 20 % Nylon, LL 210 m/50 g)
- Stickgarn in Schwarz
- ca. 10 g Füllwatte
- Nadelspiel 2,5 mm

So wird's gemacht

Der Körper, der Hinterkopf, die Arme und Beine sowie die Rute werden in mittelgrauem Alpaka gestrickt. Die Hände, Füße und das Gesicht in hellgrauem Sockengarn.

Der Körper mit Hinterkopf:

Den Baustein Körper von 1.–44. Runde nach Anleitung stricken.
45. Runde: 17 Maschen stricken, dann die 9 zuletzt gestrickten Maschen (1. + 2. Masche/4. Nadel, 5 Maschen/3. Nadel, 4. + 5. Masche/2. Nadel) stilllegen.

Die übrigen 11 Maschen für den Hinterkopf verwenden:
3.–5. Masche/4. Nadel, 5 Maschen/1. Nadel, 1.–3. Masche/2. Nadel
= 11 M.

1. Reihe/Hinterkopf: 1 Masche stricken, 1 Masche zunehmen, 1 Masche stricken, 1 Masche zunehmen, 2 Maschen stricken, * 1 Masche zunehmen, 1 Masche stricken *, von * bis * noch 3 x wiederholen, 1 Masche stricken, 1 Masche zunehmen, 1 Masche stricken, 1 Masche zunehmen, 1 Masche stricken = 19 M.

2.–25. Runde: Nach Anleitung Hinterkopf stricken.

Die Beine & Füße:
Die Beine mit jeweils 20 Runden und mit anschließendem Sockenfuß stricken.

Die Arme & Hände:
Die Arme mit jeweils 20 Runden und mit anschließender Ohne-Daumen-Hand stricken.

Die Rute:
1. + 2. Nadel = 1. Nadel. 3. + 4. Nadel = 2. Nadel.
Es werden die Maschen der 1. Nadel beschrieben und auf der 2. Nadel wiederholt.

1. Runde: Zur Runde schließen und stricken = 10 GM.
2. Runde: Stricken.
3. Runde: 3 Maschen stricken, 1 Masche zunehmen, 2 Maschen stricken = 12 GM.
4. Runde: Stricken.
5. Runde: 1 Masche stricken, 1 Masche zunehmen, 4 Maschen stricken, 1 Masche zunehmen, 1 Masche stricken = 16 GM.
6.–20. Runde: Stricken.
Die Rute mit Füllwatte ausstopfen.
21. Runde: 2 Maschen zusammenstricken, 4 Maschen stricken, 2 Maschen zusammenstricken = 12 GM.
22.–23. Runde: Stricken.
24. Runde: 2 Maschen zusammenstricken, 2 Maschen stricken, 2 Maschen zusammenstricken = 8 GM.
25.–26. Runde: Stricken.
27. Runde: 2 x 2 Maschen zusammenstricken = 4 GM.
Vor dem Zuziehen gegebenenfalls noch etwas Füllwatte nachstopfen.
Den Faden abschneiden und durch die verbleibenden Maschen ziehen.

Die Strickschrift Rute Wolf stellt alle Maschen der 1. Nadel dar.

Strickschrift Rute Wolf

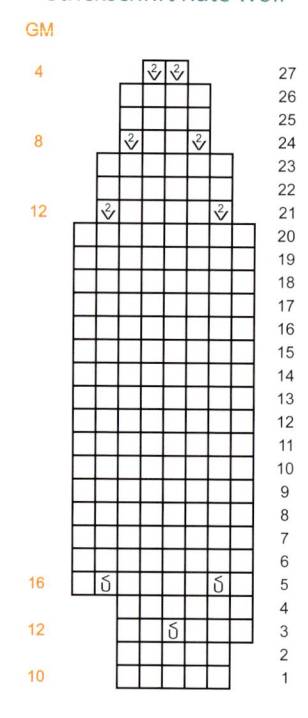

Das Gesicht:
Das Gesicht vom Wolf wird in zwei Teilen Ober- und Unterkiefer gestrickt, die anschließend zusammengenäht werden.
Für den oberen Teil des Wolfgesichts bleiben die Maschen der 3. Nadel weiterhin stillgelegt.

Der Oberkiefer:

Es wird in Hin- und Rückreihen und verkürzten Reihen gestrickt. Es werden alle zu strickenden Maschen der 4., 1. und 2. Nadel beschrieben. Es werden die Gesamtmaschen dieser Nadeln angeben.

Reihenbeginn: 1. Masche/4. Nadel.

1. Reihe: Aufnahme-Reihe. 2 Maschen rechts stricken, 8 Maschen aufnehmen, 9 Maschen rechts stricken, 8 Maschen aufnehmen, 2 Maschen rechts stricken = 29 M.

2. Reihe: Links stricken.

3. Reihe: 9 Maschen stricken, 2 Maschen zusammenstricken, 7 Maschen stricken, 2 Maschen zusammenstricken. Arbeit wenden = 27 M.

4. Reihe: 8 Maschen links stricken, 2 Maschen links zusammenstricken, Arbeit wenden = 26 M.

5. Reihe: 8 Maschen stricken, 2 Maschen rechts zusammenstricken, Arbeit wenden = 25 M.

6. Reihe: 8 Maschen links stricken, 2 Maschen links zusammenstricken, Arbeit wenden = 24 M.

7. Reihe: 8 Maschen stricken, 2 Maschen rechts zusammenstricken, 7 Maschen stricken = 23 M.

8. Reihe: 6 Maschen links stricken, 1 Masche rechts stricken, 9 Maschen links stricken, 1 Masche rechts stricken, 6 Maschen links stricken.

9. Reihe: 6 Maschen rechts stricken, 1 Masche links stricken, 9 Maschen rechts stricken, 1 Masche links stricken, 6 Maschen rechts stricken.

10. Reihe: 6 Maschen links stricken, 1 Masche rechts stricken, 2 Maschen links zusammenstricken, 5 Maschen links stricken, 2 Maschen links zusammenstricken, 1 Masche rechts stricken, 6 Maschen links stricken = 21 M.

11. Reihe: 6 Maschen rechts stricken, 1 Masche links stricken, 7 Maschen rechts stricken, 1 Masche links stricken, 6 Maschen rechts stricken.

12. Reihe: 6 Maschen links stricken, 1 Masche rechts stricken, 7 Maschen links stricken, 1 Masche rechts stricken, 6 Maschen links stricken.

13. Reihe: 1 Masche stricken, 1 Masche zunehmen, 1 Masche stricken, 1 Masche zunehmen, 4 Maschen stricken, 1 Masche links stricken, 2 Maschen zusammenstricken, 3 Maschen stricken, 2 Maschen zusammenstricken, 1 Masche links stricken, 4 Maschen stricken, 1 Masche zunehmen, 1 Masche stricken, 1 Masche zunehmen, 1 Masche stricken = 23 M.

14. Reihe: 8 Maschen links stricken, 1 Masche rechts stricken, 5 Maschen links stricken, 1 Masche rechts stricken, 8 Maschen links stricken.

15. Reihe: 8 Maschen stricken, 1 Masche links stricken, 5 Maschen stricken, 1 Masche links stricken, 8 Maschen stricken.

16. Reihe: 1 Masche links stricken, 1 Masche links zunehmen, 1 Masche links stricken, 1 Masche links zunehmen, 6 Maschen links stricken, 1 Masche rechts stricken, 2 Maschen links zusammenstricken, 1 Masche links stricken, 2 Maschen links zusammenstricken, 1 Masche rechts stricken, 6 Maschen links stricken, 1 Masche links zunehmen, 1 Masche links stricken, 1 Masche links zunehmen, 1 Masche links stricken = 25 M.

17. Reihe: 10 Maschen stricken, 1 Masche links stricken, 3 Maschen stricken, 1 Masche links stricken, 10 Maschen stricken.

18. Reihe: 10 Maschen links stricken, 1 Masche rechts stricken, 3 Maschen links stricken, 1 Masche rechts stricken, 10 Maschen links stricken.

19. Reihe: 2 Maschen zusammenstricken, 8 Maschen stricken, 1 Masche links stricken, 3 Maschen stricken, 1 Masche links stricken, 8 Maschen stricken, 2 Maschen zusammenstricken = 23 M.

20. Reihe: 2 Maschen links zusammenstricken, 7 Maschen links stricken, 1 Masche rechts stricken, 3 Maschen links stricken, 1 Masche rechts stricken, 7 Maschen links stricken, 2 Maschen links zusammenstricken = 21 M.

21. Reihe: 2 Maschen zusammenstricken, 6 Maschen stricken, 1 Masche links stricken, 3 Maschen stricken, 1 Masche links stricken, 6 Maschen stricken, 2 Maschen zusammenstricken = 19 M.

22. Reihe: 2 Maschen links zusammenstricken, 3 Maschen links stricken, 2 Maschen links zusammenstricken, 1 Masche rechts stricken, 3 Maschen links stricken, 1 Masche rechts stricken, 2 Maschen links zusammenstricken, 3 Maschen links stricken, 2 Maschen links zusammenstricken = 15 M.

23. Reihe: 2 Maschen zusammenstricken, 1 Masche stricken, 2 Maschen zusammenstricken, 1 Masche links stricken, 3 Maschen stricken, 1 Masche links stricken, 2 Maschen zusammenstricken, 1 Masche stricken, 2 Maschen zusammenstricken = 11 M.

24. Reihe: 3 Maschen links zusammenstricken, 1 Masche rechts stricken, 3 Maschen links stricken, 1 Masche rechts stricken, 3 Maschen links zusammenstricken = 7 M.

25. Reihe: 3 Maschen zusammenstricken, 1 Masche stricken, 3 Maschen zusammenstricken = 3 M.

Die restlichen Maschen links abketten.
Den Körper und den Kopf mit Füllwatte ausstopfen.

Die Strickschrift Oberkiefer Wolf stellt alle Maschen der 4., 1. und 2. Nadel dar.

Strickschrift Oberkiefer Wolf

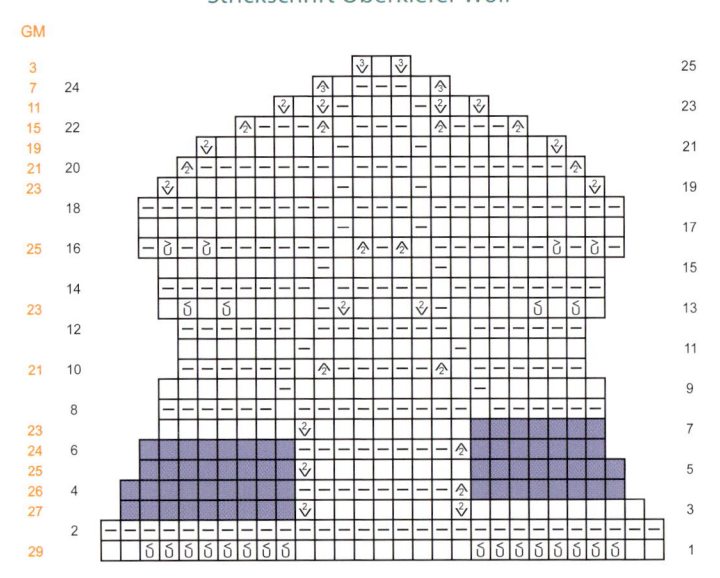

Der Unterkiefer:

Für den Unterkiefer werden die 5 stillgelegten Maschen der 3. Nadel verwendet.
Es wird in Hinreihen rechts und Rückreihen links gestrickt.
Es werden alle Maschen beschrieben.
Reihenbeginn: 1. Masche/3. Nadel.

1. Reihe: * 1 Masche zunehmen, 1 Masche stricken * von * bis * noch 4 x wiederholen, 1 Masche zunehmen = 11 M.

2. Reihe: Links stricken.

3.–6. Reihe: In Hin- und Rückreihen stricken.

7. Reihe: 1 Masche stricken, 2 Maschen zusammenstricken, 5 Maschen stricken, 2 Maschen zusammenstricken, 1 Masche stricken = 9 M.

8. Reihe: Links stricken.

9. Reihe: 1 Masche stricken, 2 Maschen zusammenstricken, 3 Maschen stricken, 2 Maschen zusammenstricken, 1 Masche stricken = 7 M.

10.–15. Reihe: In Rück- und Hinreihen stricken.

16. Reihe: 1 Masche links stricken, 2 Maschen links zusammenstricken, 1 Masche links stricken, 2 Maschen links zusammenstricken, 1 Masche links stricken = 5 M.

17. Reihe: 1 Masche stricken, 3 Maschen zusammenstricken, 1 Masche stricken = 3 M.

Die restlichen Maschen links abketten.
Die Schnauze mit Füllwatte ausstopfen.
Den Oberkiefer und den Unterkiefer so zusammennähen, dass die Lefzen frei überhängen.

Die Strickschrift Unterkiefer Wolf stellt alle Maschen der 3. Nadel dar.

Strickschrift Unterkiefer Wolf

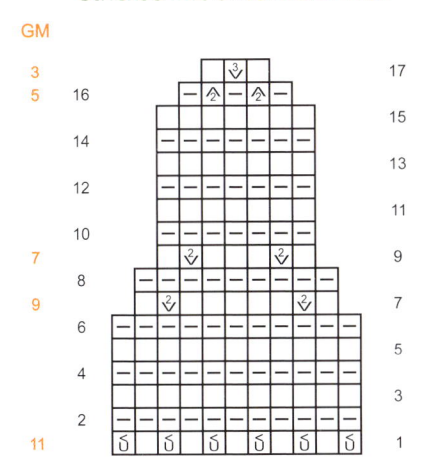

1. Runde: Zur Runde schließen und stricken = 10 GM.

2.–5. Runde: Stricken.

6. Runde: 2 Maschen zusammenstricken, 1 Masche stricken, 2 Maschen zusammenstricken = 6 GM.

7. Runde: Stricken.

8. Runde: 3 Maschen zusammenstricken = 2 GM.

Den Faden abschneiden und durch die verbleibenden Maschen ziehen.

Das 2. Ohr wird in gleicher Weise gearbeitet. Zwischen den Ohren 2 Maschen Abstand lassen.

Die Strickschrift Ohr Wolf stellt alle Maschen der 1. Nadel dar.

Die Augen und die Dreiecks-Nase in Schwarz aufsticken.

Die Ohren:

1. + 2. Nadel = 1. Nadel. 3. + 4. Nadel = 2. Nadel.

Es werden die Maschen der 1. Nadel beschrieben und auf der 2. Nadel wiederholt.

Für ein Ohr 2 x 5 Maschen oben auf dem Kopf aufnehmen.

Strickschrift Ohr Wolf

67

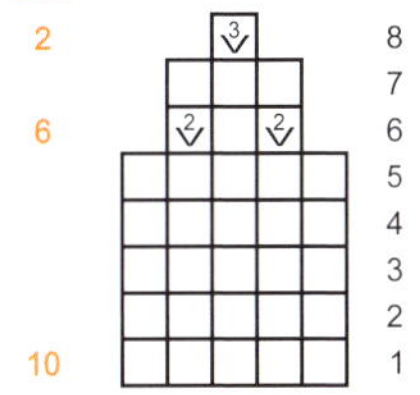

Zwei Freunde aus dem Stall
Fred Pferd & Elsbeth Esel

Pferd • Gesamtgröße ca. 18 cm | **Esel** • Gesamtgröße ca. 19 cm

Fred Pferd

Material

- ca. 25 g Sockengarn in Fuchsbraun
  (75 % Wolle, 25 % Polyamid, LL 420 m/100 g)
- je ca. 5 g Sockengarn in Mittelgrau, Dunkelgrau, Schwarz
  (80 % Super Merino, 20 % Nylon, LL 210 m/50 g)
- ca. 5 g Alpakagarn in Gelb (100 % Alpaka, 180 m/50 g)
- Stickgarn in Schwarz
- ca. 10 g Füllwatte
- Nadelspiel 2,25 mm
- Häkelnadel 2,5 mm

So wird's gemacht

Der Körper mit Hinterkopf:

Den Baustein Körper nach Anleitung und direkt anschließend den Baustein Hinterkopf in Fuchsbraun stricken.

Die Beine & Füße:

Die Beine mit jeweils 20 Runden in Fuchsbraun stricken.
Anschließend den Huffuß in Dunkelgrau und Schwarz stricken.
1.–9. Runde in Dunkelgrau.
10.–15. Runde in Schwarz.

Die Arme & Hände:

Die Arme mit jeweils 20 Runden in Fuchsbraun stricken.
Anschließend die Hufhand in Dunkelgrau und Schwarz stricken.
1.–5. Runde in Dunkelgrau.
6.–10. Runde in Schwarz.

69

Der Schweif:

1.–3. Runde: Zur Runde schließen und glatt rechts stricken.

Den Faden abschneiden und durch die verbleibenden Maschen ziehen, nicht zuziehen.

Das gelben Alpakagarn ca. 20 x um 3 Finger wickeln, dann an einer Seite die Schlaufen fest umwickeln, den Faden vernähen, dann in den Schweifansatz stecken, jetzt die Maschen zuziehen und vernähen. Die Schlaufen auf ca. 5 cm Länge gleichmäßig aufschneiden.

Das Gesicht:

Die stillgelegten Maschen von den Sicherheitsnadeln auf ein Nadelspiel heben.

Für das Gesicht den Baustein Augenpartie nach Anleitung bis einschließlich 5. Runde in Fuchsbraun stricken.

Dabei die 2. Runde nicht stricken.

Maschenverteilung 9/9/9/9 = 36 GM.

Dann die Nase stricken. Das Pferd bekommt eine Variante der Großnase.

Die Angaben werden für die 1. Nadel beschrieben, und auf den übrigen 3 Nadeln wiederholt.

1. Runde: 1 Masche stricken, 2 Maschen zusammenstricken, 6 Maschen stricken = 32 GM.

2.–11. Runde: Stricken.

12. Runde: Zu Mittelgrau wechseln. 1 Masche stricken, 1 Masche zunehmen, 6 Maschen stricken, 1 Masche zunehmen, 1 Masche stricken = 40 GM.

13.–15. Runde: Stricken.

Den Körper und den Kopf mit Füllwatte ausstopfen.

16. Runde: 1 Masche stricken, 2 Maschen zusammenstricken, 4 Maschen stricken, 2 Maschen zusammenstricken, 1 Masche stricken = 32 GM.

17. Runde: Stricken.

18. Runde: 1 Masche stricken, 2 Maschen zusammenstricken, 2 Maschen stricken, 2 Maschen zusammenstricken, 1 Masche stricken = 24 GM.

19. Runde: Stricken.

Die Nase mit Füllwatte ausstopfen.

20. Runde: 2 Maschen zusammenstricken, 2 Maschen stricken, 2 Maschen zusammenstricken = 16 GM.

Den Faden abschneiden und durch die verbleibenden Maschen ziehen.

Die Augen mit Schwarz aufsticken.

Die Strickschrift Gesicht Pferd stellt alle Maschen der 1. Nadel dar.

Strickschrift Gesicht Pferd

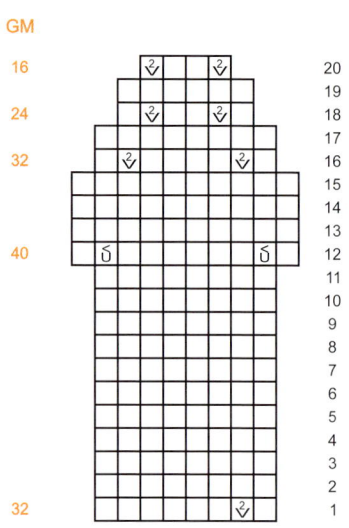

Die Ohren:

Für die Anleitung und die Strickschrift gilt: 1. + 2. Nadel = 1. Nadel, 3. + 4. Nadel = 2. Nadel.

Es werden die Maschen der 1. Nadel beschrieben und auf der 2. Nadel wiederholt.

Für ein Ohr 2 x 5 Maschen aufnehmen.

1. Runde: Zur Runde schließen und stricken = 10 GM.
2. Runde: Stricken.
3. Runde: 3 Maschen stricken, 1 Masche zunehmen, 2 Maschen stricken = 12 GM.
4.–6. Runde: Stricken.
7. Runde: 2 Maschenstricken, 2 Maschen zusammenstricken, 2 Maschen stricken = 10 GM.
8. Runde: Stricken.
9. Runde: 2 Maschen zusammenstricken, 1 Masche stricken, 2 Maschen zusammenstricken = 6 GM.
10. Runde: 3 Maschen zusammenstricken.

Den Faden abschneiden und durch die verbleibenden Maschen ziehen.

Das 2. Ohr in gleicher Weise stricken. Die Maschen für die Ohren so aufnehmen, dass zwischen den zwei Ohren ca. 3 Maschen Abstand ist.

Die Strickschrift Ohr Pferd stellt alle Maschen der 1. Nadel dar.

Strickschrift Ohr Pferd
GM

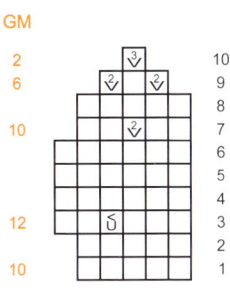

Die Mähne:

Von dem gelben Alpakagarn 20–25 Stücke à 20 cm abschneiden. An der Mittelmasche zwischen den Ohren, ca. 3 Maschen in Richtung Stirn beginnen:

1 Stück Faden doppelt legen. Mit der Häkelnadel unter einer Masche durchgreifen, den Doppel-Faden in der Mitte fassen und halb durchziehen, dann das Ende durch die entstandene Schlaufe ziehen. Die 4 Fäden auf gleiche Länge abschneiden. Dies fortlaufend auf der Mittelmasche des Hinterkopfes bis zur gewünschten Mähnenlänge wiederholen.

ELSBETH ESEL

Material

- ca. 25 g Sockengarn in Mittelgrau und je ca. 5 g in Dunkelgrau, Schwarz und Weiß (80 % Super Merino, 20 % Nylon, LL 210 m/50 g)
- ca. 5 g Mohairgarn in Schwarz (70 % Super Kid Mohair, 25 % Polyamid, 5 % Schurwolle, LL 138 m/25 g)
- Stickgarn in Schwarz
- ca. 10 g Füllwatte
- Nadelspiel 2,25 mm
- Häkelnadel 2,5 mm

So wird's gemacht

Der Körper mit Hinterkopf:
Den Baustein Körper nach Anleitung und direkt anschließend den Baustein Hinterkopf in Mittelgrau stricken.

Die Beine & Füße:
Die Beine mit jeweils 20 Runden in Mittelgrau und mit anschließendem Huffuß in Dunkelgrau und Schwarz stricken.

1.–6. Runde in Dunkelgrau.
7.–15. Runde in Schwarz.

Die Arme & Hände:
Die Arme mit jeweils 24 Runden in Mittelgrau und mit anschließender Hufhand in Dunkelgrau und Schwarz stricken.

1.–5. Runde in Dunkelgrau.
6.–10. Runde in Schwarz.

Der Schwanz:
Für die Anleitung und die Strickschrift gilt: 1. + 2. Nadel = 1. Nadel, 3. + 4. Nadel = 2. Nadel.
Es werden die Maschen der 1. Nadel beschrieben und auf der 2. Nadel wiederholt.

1.–5. Runde: Zur Runde schließen und in Mittelgrau stricken = 10 GM.
6. Runde: 2 Maschen stricken, 2 Maschen zusammenstricken, 1 Masche stricken = 8 GM.
8.–11. Runde: Zu schwarzem Kid Mohair wechseln.
12. Runde: 1 Masche stricken, 2 Maschen zusammenstricken, 1 Masche stricken = 6 GM.
13.–17. Runde: Stricken.

Den Faden abschneiden und durch die verbleibenden Maschen ziehen.

Die Strickschrift Schwanz Esel stellt alle Maschen der 1. Nadel dar.

Strickschrift Schwanz Esel
GM

```
                17
                16
                15
                14
                13
   6         12
              11
              10
               9
               8
               7
   8          6
            5
            4
            3
            2
  10        1
```

Das Gesicht:

Die stillgelegten Maschen auf ein Nadelspiel heben.

Den Baustein Augenpartie von 1.–5. Runde in Mittelgrau stricken = 36 GM.

Die Nase ist eine Variante der Großnase.

In der 1.–10. Runde werden die Angaben für die 1. Nadel beschrieben, und auf den übrigen 3 Nadeln wiederholt.

1. Runde: In Mittelgrau stricken. 2 Maschen zusammenstricken, 7 Maschen stricken = 32 GM.

2.–3. Runde: Stricken.

4. Runde: 6 Maschen stricken, 2 Maschen zusammenstricken = 28 GM.

5.–10. Runde: Stricken.

Den Körper und den Kopf mit Füllwatte ausstopfen.

In der 11.–13. Runde werden die Angaben für die 1. + 3. Nadel, bzw. für die 2. + 4. Nadel beschrieben.

11. Runde: Zu Weiß wechseln. *1. + 3. Nadel:* 2 Maschen zusammenstricken, 3 Maschen stricken, 2 Maschen zusammenstricken. *2. + 4. Nadel:* 7 Maschen stricken = 24 GM.

12. Runde: Stricken.

13. Runde: *1. + 3. Nadel:* 5 Maschen stricken. *2. + 4. Nadel:* 2 Maschen zusammenstricken, 3 Maschen stricken, 2 Maschen zusammenstricken = 20 GM.

Die Nase mit Füllwatte ausstopfen.

In der 14.–19. Runde werden die Angaben für die 1. Nadel beschrieben, und auf den übrigen 3 Nadeln wiederholt.

14.–18. Runde: Stricken.

19. Runde: 2 Maschen zusammenstricken, 1 Masche stricken, 2 Maschen zusammenstricken = 12 GM.

Vor dem Zuziehen gegebenenfalls noch etwas Füllwatte nachstopfen.

Den Faden abschneiden und durch die verbleibenden Maschen ziehen.

Die Augen in Schwarz aufsticken.

Die Strickschrift Gesicht Esel 1 + 3 stellt die Maschen der 1. + 3. Nadel dar.

Die Strickschrift Gesicht Esel 2 + 4 stellt die Maschen der 2. + 4. Nadel dar.

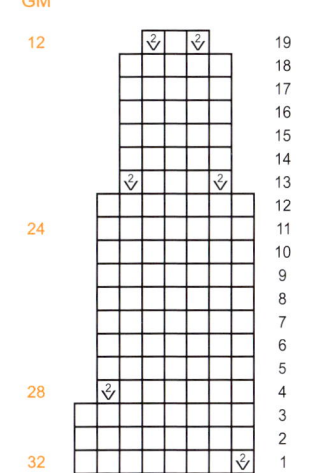

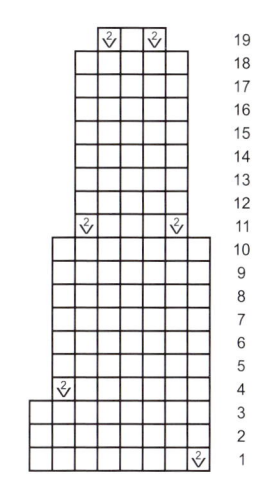

Strickschrift Gesicht Esel 2 + 4
GM

```
              19
              18
              17
              16
              15
              14
              13
              12
  24          11
              10
               9
               8
               7
               6
               5
  28          4
               3
               2
  32          1
 12
```

Strickschrift Gesicht Esel 1 + 3

```
              19
              18
              17
              16
              15
              14
              13
              12
              11
              10
               9
               8
               7
               6
               5
               4
               3
               2
               1
```

Die Ohren:

Die Ohren werden in zwei Teilen in Hinreihen rechts und in Rückreihen links gestrickt und dann mit schwarzem Mohair Garn zusammengehäkelt.

Das Außenohr in Mittelgrau und das Innenohr in Weiß stricken.

Für ein Außenohr, ca. auf Höhe der 3. Maschenreihe, auf dem Kopf 3 Maschen und seitlich 4 Maschen in Mittelgrau aufnehmen.

1. Reihe: Links stricken = 7 M.

2. Reihe: Rechts stricken.

3.–17. Reihe: In Hin- und Rückreihen stricken.

18. Reihe: 2 Maschen rechts zusammenstricken, 3 Maschen stricken, 2 Maschen rechts zusammenstricken = 5 M.

19. Reihe: Links stricken.

20. Reihe: 2 Maschen rechts zusammenstricken, 1 Masche stricken, 2 Maschen rechts zusammenstricken = 3 M.

Die Maschen links abketten.

Für ein Innenohr in Weiß direkt an der Innenseite des Außenohrs 5 Maschen aufnehmen.

1. Reihe: Links stricken = 5 M.

2. Reihe: Rechts stricken.

3.–15. Reihe: In Hin- und Rückreihen stricken.

16. Reihe: 2 Maschen rechts zusammenstricken, 1 Masche stricken, 2 Maschen rechts zusammenstricken = 3 M.

17.–20. Reihe: In Hin- und Rückreihen stricken.

Die Maschen links abketten.

Dann Außen- und Innenohr mit schwarzem Kidmohair-Garn zusammenhäkeln.

Das 2. Ohr in gleicher Weise stricken. Abstand zwischen den Ohren ca. 4 Maschen.

Die Strickschrift Außenohr Esel stellt alle Maschen dar.
Die Strickschrift Innenohr Esel stellt alle Maschen dar.

Strickschrift Außenohr Esel

Strickschrift Innenohr Esel

75

ZWEI FREUNDE ZUR GUTEN NACHT
FREDERIK FUCHS & HASI HASE

Fuchs • Gesamtgröße ca. 18 cm | Hase • Gesamtgröße ca. 22 cm

FREDERIK FUCHS

Material

- ca. 25 g Sockengarn in Fuchsrot und ca. 5 g in Schwarz
  (75 % Wolle, 25 % Polyamid, LL 420 m/100 g)
- je ca. 5 g Mohairgarn in Schwarz und Weiß
  (80 % Super Kid Mohair, 20 % Polyamid, LL 245 m/25 g)
- ca. 5 g meliertes Mohairgarn in Rostrot
  (80 % Super Kid Mohair, 20 % Polyamid, LL 200 m/50 g)
- Stickgarn in Schwarz
- ca. 10 g Füllwatte
- Nadelspiel 2,25 mm, 2,5 mm und 3,0 mm

So wird's gemacht

Der Körper mit Hinterkopf:

Mit Nadelspiel 2,5 mm den Baustein Körper nach Anleitung und direkt anschließend den Baustein Hinterkopf in fuchsrotem Garn stricken.

Die Beine & Füße:

Mit Nadelspiel 2,5 mm stricken.

1.–15. Runde: In Fuchsrot stricken.

16.–20. Runde: In Schwarz weiterarbeiten.

Den Baustein Sockenfuß direkt in Schwarz anstricken.

Das 2. Bein mit Fuß in gleicher Weise stricken.

Die Arme & Hände:

Mit Nadelspiel 2,5 mm stricken.

1.–15. Runde: In Fuchsrot stricken.

16.–20. Runde: In Schwarz weiterarbeiten.

Den Baustein Daumenhand in Schwarz direkt anstricken.

Den 2. Arm mit Hand in gleicher Weise stricken.

77

Der Schwanz:

Der Schwanz wird mit Nadelspiel 3,0 mm gestrickt.

Der Schwanz wird mit 1 Faden Sockengarn und 1 Faden rostrotem Mohairgarn gestrickt. Die Schwanzspitze wird mit doppeltem weißen Mohairgarn gearbeitet.

1. + 2. Nadel = 1. Nadel und 3. + 4. Nadel = 2. Nadel.

Es werden die Maschen der 1. Nadel beschrieben und auf der 2. Nadel wiederholt.

1. Runde: Mit 1 Faden fuchsrotem Sockengarn und 1 Faden rostrotmeliertem Mohairgarn arbeiten. Zur Runde schließen und stricken = 10 GM.

2. Runde: 2 Maschen stricken, 1 Masche zunehmen, 3 Maschen stricken = 12 GM.

3. Runde: Stricken.

4. Runde: 1 Masche stricken, 1 Masche zunehmen, 4 Maschen stricken, 1 Masche zunehmen, 1 Masche stricken = 16 GM.

5.–6. Runde: Stricken.

7. Runde: 1 Masche stricken, 1 Masche zunehmen, 6 Maschen stricken, 1 Masche zunehmen, 1 Masche stricken = 20 GM.

8.–25. Runde: Stricken.

26.–32. Runde: Zu doppeltem, weißen Mohairgarn wechseln. Stricken.

33. Runde: 2 Maschen zusammenstricken, 8 Maschen stricken = 18 GM.

34. Runde: Stricken.

35. Runde: 7 Maschen stricken, 2 Maschen zusammenstricken = 16 GM.

36. Runde: 2 Maschen zusammenstricken, 4 Maschen stricken, 2 Maschen zusammenstricken = 12 GM.

Den Faden abschneiden und durch die verbleibenden Maschen ziehen.

Die Strickschrift Schwanz Fuchs stellt alle Maschen der 1. Nadel dar.

Strickschrift Schwanz Fuchs

Das Gesicht:

Das Gesicht wird mit Nadelspiel 2,5 mm begonnen und mit Nadelspiel 2,25 mm beendet.

Die stillgelegten Maschen auf ein Nadelspiel heben.

Den Baustein Spitznasen-Gesicht nach Anleitung stricken.

1.–8. Runde: Mit Nadelspiel 2,5 mm in Fuchsrot stricken.

9. Runde: 9 + 5 Maschen in Fuchsrot stricken, dann zu Nadelspiel 2,25 mm wechseln, ab hier mit doppeltem Faden weißes Mohairgarn weiter arbeiten, die 9. Runde nach Anleitung zu Ende stricken.

10.–20. Runde: Nach Anleitung zu Ende stricken.

Die Augen und die Nase mit schwarzem Stickgarn aufsticken.

Die Ohren:

Die Ohren werden in zwei Teilen in Hin- und Rückreihen gestrickt. Diese werden dann mit schwarzem Mohairgarn zusammengehäkelt. Das Außenohr in Fuchsrot stricken. Das Innenohr mit weißem Mohairgarn stricken.

Für das Außenohr mit fuchsrotem Garn insgesamt 6 Maschen aufnehmen. Je 3 Maschen auf dem Kopf und 3 Maschen seitlich. Nadelspiel 2,5 mm verwenden.

1. Reihe: Links stricken = 6 M.
2. Reihe: Rechts stricken. 3 Maschen stricken, 1 Masche zunehmen, 3 Maschen stricken = 7 M.
3. Reihe: Links stricken.
4. Reihe: Rechts stricken.
5. Reihe: Links stricken.
6. Reihe: 2 Maschen zusammenstricken, 3 Maschen stricken, 2 Maschen zusammenstricken = 5 M.
7. Reihe: Links stricken.
8. Reihe: 2 Maschen zusammenstricken, 1 Masche stricken, 2 Maschen zusammenstricken = 3 M.
9. Reihe: Links stricken.
10. Reihe: 3 Maschen zusammenstricken. Den Faden durchziehen.

Für das Innenohr mit weißem Mohairgarn 6 Maschen direkt an der Innenseite des Außenohrs aufnehmen. Nadelspiel 2,25 mm verwenden.

1. Reihe: Links stricken = 6 M.
2. Reihe: 3 Maschen stricken, 1 Masche zunehmen, 3 Maschen stricken = 7 M.
3. Reihe: Links stricken.
4. Reihe: Rechts stricken.
5. Reihe: 2 Maschen links zusammenstricken, 3 Maschen links stricken, 2 Maschen links zusammenstricken = 5 M.
6. Reihe: 2 Maschen zusammenstricken, 1 Masche stricken, 2 Maschen zusammenstricken = 3 M.
7. Reihe: 3 Maschen links zusammenstricken. Den Faden durchziehen.

Die beiden Ohrteile werden mit doppeltem schwarzem Mohairgarn zusammengehäkelt.

Das 2. Ohr in gleicher Weise stricken. Ca. 4 Maschen Abstand zwischen den Ohren.

Die Strickschrift Außenohr Fuchs und die Strickschrift Innenohr Fuchs stellen jeweils alle Maschen dar.

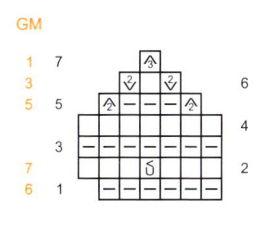

HASI HASE

Material
- ca. 25 g Sockengarn in Altweiß und ca. 5 g in Rosa (75 % Wolle, 25 % Polyamid, LL 420 m/100 g)
- etwas Flausch-Sockengarn in Weiß (39 % Schurwolle, 61 % Polyamid, LL 125 m/50 g)
- Stickgarn in Schwarz
- ca. 10 g Füllwatte
- Nadelspiel 2,5 mm
- Häkelnadel 2,5 mm

So wird's gemacht

Der Körper mit Hinterkopf:
Den Baustein Körper nach Anleitung und direkt anschließend den Baustein Hinterkopf in Altweiß stricken.

Die Beine & Füße:
Die Beine mit jeweils 20 Runden und mit anschließendem Sockenfuß in Altweiß stricken.

Die Arme & Hände:
Die Arme mit jeweils 20 Runden und mit anschließender Daumenhand in Altweiß stricken.

Das Schwänzchen:
Für das Puschel-Schwänzchen das weiße Flausch-Sockengarn verwenden.

Es werden alle Maschen auf allen Nadeln beschrieben.

1. Runde: Stricken = 10 GM.

2. Runde: 3 Maschen stricken, 1 Masche zunehmen, 7 Maschen stricken = 11 GM.

3. Runde: Die ersten 6 Maschen rechts-links-rechts stricken, 5 Maschen stricken.

4. Runde: Die ersten 6 Maschen rechts-links-rechts stricken, 5 Maschen stricken.

5.–8. Runde: Stricken.

Mit etwas Füllwatte ausstopfen.

Den Faden abschneiden und durch die verbleibenden Maschen ziehen.

Strickschrift Puschelschwänzchen
GM

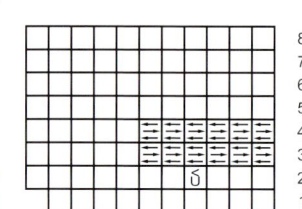

Das Gesicht:
Die stillgelegten Maschen auf ein Nadelspiel heben.

Es werden alle Maschen auf allen Nadeln beschrieben.

Für das Gesicht das altweiße Sockengarn verwenden.

Rundenbeginn: 1. Masche /1. Nadel.

Aufnahme-Runde: 9 Maschen stricken, 8 Maschen aufnehmen, 4 + 9 + 4 Maschen stricken, 8 Maschen aufnehmen. 9/12/9/12 = 42 GM.

1.–2. Runde: Zur Runde schließen und stricken.

3. Runde: 9 Maschen stricken, 2 Maschen zusammenstricken, 8 Maschen stricken, 2 Maschen zusammenstricken, 2 Maschen zusammenstricken, 5 Maschen stricken, 2 Maschen zusammenstricken, 2 Maschen zusammenstricken, 8 Maschen stricken, 2 Maschen zusammenstricken. 9/10/7/10 = 36 GM.

4. Runde: 2 Maschen zusammenstricken, 5 Maschen stricken, 2 Maschen zusammenstricken, 2 Maschen zusammenstricken, 3 Maschen stricken, aus den nächsten 5 Maschen jeweils 2 Maschen herausstricken, 2 Maschen zusammenstricken, 3 Maschen stricken, 2 Maschen zusammenstricken, aus den nächsten 5 Maschen jeweils 2 Maschen herausstricken, 3 Maschen stricken, 2 Maschen zusammenstricken. 7/14/5/14 = 40 GM.

5. Runde: 7 + 4 Maschen stricken, die nächsten 10 Maschen rechts-links-rechts stricken, 5 Maschen stricken, die nächsten 10 Maschen rechts-links-rechts stricken, 4 Maschen stricken.

6. Runde: 2 Maschen zusammenstricken, 3 Maschen stricken, 2 Maschen zusammenstricken, 2 Maschen zusammenstricken, 2 Maschen stricken, die nächsten 10 Maschen rechts-links-rechts stricken, 2 Maschen stricken, 2 Maschen zusammenstricken, 1 Masche stricken, 2 Maschen zusammenstricken, die nächsten 10 Maschen rechts-links-rechts stricken, 2 Maschen stricken, 2 Maschen zusammenstricken. 5/13/3/13 = 34 GM.

7. Runde: Alle Maschen stricken.

Den Körper und den Kopf mit Füllwatte ausstopfen.

8. Runde: 2 Maschen zusammenstricken, 1 Masche stricken, 2 Maschen zusammenstricken, 2 Maschen zusammenstricken, 11 + 3 + 11 Maschen stricken, 2 Maschen zusammenstricken. 3/12/3/12 = 30 GM.

9. Runde: Alle Maschen stricken.

10. Runde: 3 + 2 Maschen stricken, 5 x 2 Maschen zusammenstricken, 3 Maschen zusammenstricken, 5 x 2 Maschen zusammenstricken, 2 Maschen stricken. 3/7/1/7 = 18 GM.

11. Runde: 2 Maschen zusammenstricken, 1 Masche stricken, 2 Maschen zusammenstricken, 6 + 1 + 6 Maschen stricken. 3/6/1/6 = 16 GM.

Die Schnauze mit Füllwatte ausstopfen.

12. Runde: 2 Maschen zusammenstricken, 1 Masche stricken, 2 Maschen zusammenstricken, 2 Maschen zusammenstricken, 1 Masche stricken, 2 Maschen zusammenstricken, 1 Masche stricken, 2 Maschen zusammenstricken, 1 Masche stricken, 2 Maschen zusammenstricken. 3/3/1/3 = 10 GM.

Vor dem Zuziehen gegebenenfalls noch etwas Füllwatte nachstopfen.

Den Faden abschneiden und durch die verbleibenden Maschen ziehen.

Die Augen und die Dreiecks-Nase mit schwarzem Stickgarn aufsticken.

Die Strickschrift Gesicht Hase stellt alle Maschen auf allen Nadeln dar.

Die Ohren:

Die Ohren werden in zwei Teilen in Hin- und Rückreihen gestrickt. Das Außenohr mit altweißem und das Innenohr mit rosa Sockengarn stricken.

Die beiden Teile werden dann mit dem weißen Flausch-Sockengarn zusammengehäkelt.

Die Maschenaufnahme für ein Außen-Ohr verteilt sich auf 3 x 3 Maschen, die in einem leichten Bogen aufgenommen werden.

Schema Maschenaufnahme Außenohr

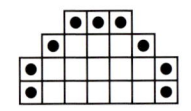

1. Reihe: Links Stricken = 9 M.
2. Reihe: Rechts Stricken.
3.–5. Reihe: In Rück- und Hinreihen stricken.
6. Reihe: Rechts stricken. 3 Maschen stricken, 3 Maschen zusammenstricken, 3 Maschen stricken = 7 M.
7.–21. Reihe: In Rück- und Hinreihen stricken.
22. Reihe: 1 Masche stricken, 2 Maschen zusammenstricken, 1 Masche stricken, 2 Maschen zusammenstricken, 1 Masche stricken = 5 M.
23. Reihe: Links stricken.
24. Reihe: 2 Maschen zusammenstricken, 1 Masche stricken, 2 Maschen zusammenstricken = 3 M.
25. Reihe: Links Stricken.
Die restlichen Maschen rechts abketten.

Für das Innenohr mit rosa Sockengarn direkt an der Innenseite des Außenohrs 9 Maschen aufnehmen.

1. Reihe: Links stricken = 9 M.
2. Reihe: Rechts stricken.
3. Reihe: Links stricken.
4. Reihe: Rechts stricken. 3 Maschen stricken, 3 Maschen zusammenstricken, 3 Maschen stricken = 7 M.
5.–11. Reihe: In Rück- und Hinreihen stricken.
12. Reihe: Rechts stricken. 1 Masche stricken, 2 Maschen zusammenstricken, 1 Masche stricken, 2 Maschen zusammenstricken, 1 Masche stricken = 5 M.
13.–19. Reihe: In Rück- und Hinreihen stricken.
20. Reihe: Rechts stricken. 2 Maschen zusammenstricken, 1 Masche stricken, 2 Maschen zusammenstricken = 3 M.
21.–23. Reihe: In Rück- und Hinreihen stricken.
Die restlichen Maschen rechts abketten.

Dann die beiden Ohrteile mit Flausch-Sockengarn zusammenhäkeln. Dadurch, dass das Innenohr etwas kürzer ist, wölbt sich das gesamte Ohr nach vorne.

Das 2. Ohr in gleicher Weise stricken. Ca. 2 Maschen Abstand zwischen den Ohren.

Die Strickschriften Außenohr Hase und Innenohr Hase stellt jeweils die Maschen für 1 Nadel dar.

Strickschrift Außenohr Hase

Strickschrift Innenohr Hase

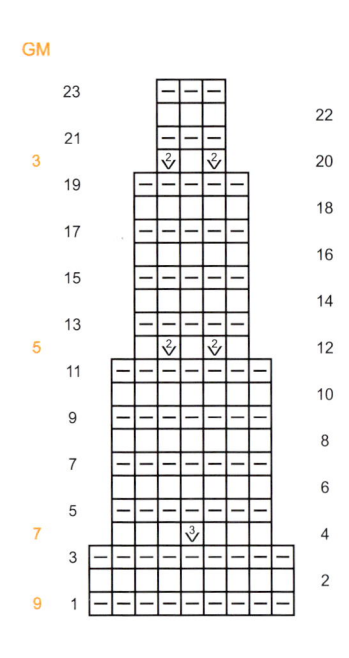

83

ZWEI FREUNDE VON DER SOFAKANTE
KATER KARLO & HUND AMY

Kater • Gesamtgröße ca. 18 cm | Hund • Gesamtgröße ca. 16 cm

KATER KARLO

Material
- ca. 25 g Sockengarn in Schwarz und ca. 5 g in Altweiß
  (80 % Super Merino, 20 % Nylon, LL 110 m/50 g)
- ca. 3 g Mohairgarn in Rosé
  (70 % Super Kid Mohair, 30 % Seide, LL 210 m/25g)
- Stickgarn in Schwarz, Rosa, Weiß und Gelb
- ca. 10 g Füllwatte
- Nadelspiel 2,5 mm

So wird's gemacht

Der Körper mit Hinterkopf:
Mit schwarzem Garn den Baustein Körper nach Anleitung und direkt anschließend den Baustein Hinterkopf stricken.

Die Beine & Füße:
Ein Bein mit 20 Runden stricken.
1.–18. Runde: In Schwarz.
19.–20. Runde: In Weiß.
Anschließend den Baustein Sockenfuß nach Anleitung in Weiß direkt anstricken.
Das 2. Bein mit Fuß in gleicher Weise arbeiten.

Die Arme & Hände:
Einen Arm mit 20 Runden in Schwarz stricken.
Anschließend den Baustein Daumenhand in Weiß stricken.
Den 2. Arm mit Hand in gleicher Weise stricken.

Der Schwanz:
In der 1.–30. Runde und 35.–46. Runde gilt: 1. + 2. Nadel = 1. Nadel, 3. + 4. Nadel = 2. Nadel.
Es werden die Maschen der 1. Nadel beschrieben und auf der 2. Nadel wiederholt.
In der 31.–34. Runde werden alle zu strickenden Maschen beschrieben.
Der Schwanz wird in Schwarz gestrickt, die Schwanzspitze ab der 39. Runde in Weiß.
Nach jeweils 10 Runden immer mit Füllwatte ausstopfen.
1.–2. Runde: Zur Runde schließen und stricken = 10 GM.
3. Runde: 3 Maschen stricken, 1 Masche aufnehmen, 2 Maschen stricken = 12 GM.
4.–5. Runde: Stricken.
6. Runde: 1 Masche stricken, 1 Masche zunehmen, 4 Maschen stricken, 1 Masche zunehmen, 1 Masche stricken = 16 GM.
7.–30. Runde: Stricken.

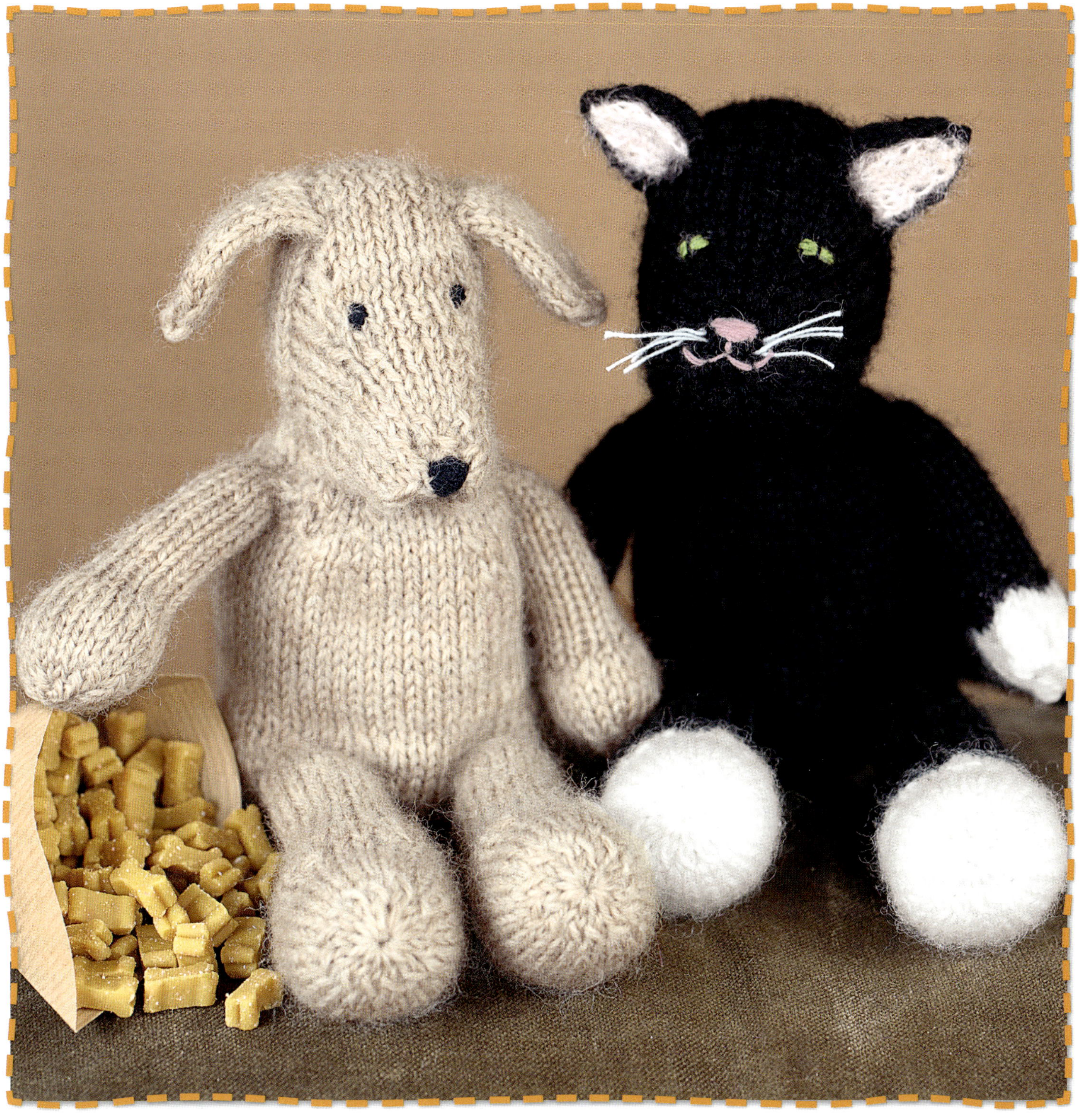

Um einen Knick im Schwanz zu bekommen, werden verkürzte Runden gestrickt.

Es werden alle zu strickenden Maschen beschrieben.

31. Runde: 10 Maschen rechts stricken, Arbeit wenden.

32. Runde: 12 Maschen links stricken. Arbeit wenden.

33. Runde: 13 Maschen rechts stricken. Arbeit wenden.

34. Runde: 13 Maschen links stricken. Arbeit wenden. 2 Maschen rechts stricken.

35. Runde: Rundenbeginn wieder 1. Masche/1. Nadel. Ganze Runde stricken.

36.–38. Runde: Stricken.

39. Runde: Ab hier in Weiß stricken.

40.–44. Runde: Stricken.

45. Runde: 2 Maschen zusammenstricken, 4 Maschen stricken, 2 Maschen zusammenstricken = 12 GM.

46. Runde: Stricken.

Den Faden abschneiden und durch die verbleibenden Maschen ziehen.

Das Gesicht:

Die stillgelegten Maschen auf ein Nadelspiel heben.

Es werden alle Maschen auf allen Nadeln beschrieben.

Für das Katzengesicht werden in der Aufnahmerunde auch auf der 3. Nadel Maschen zugenommen.

Aufnahme-Runde: 9 Maschen stricken, 8 Maschen aufnehmen, 4 Maschen stricken, 2 Maschen stricken, 1 Masche zunehmen, 2 Maschen stricken, aus der nächsten Masche 2 Maschen herausstricken, 2 Maschen stricken, 1 Masche zunehmen, 2 Maschen stricken, 4 Maschen stricken, 8 Maschen aufnehmen.

Maschenverteilung: 9/12/12/12 = 45 GM.

1.–2. Runde: Zur Runde schließen und stricken.

3. Runde: 2 Maschen zusammenstricken, 5 Maschen stricken, 2 Maschen zusammenstricken. *2 Maschen zusammenstricken, 8 Maschen stricken, 2 Maschen zusammenstricken *, von * bis * noch 2 x wiederholen = 37 GM.

4.–6. Runde: Stricken.

7. Runde: 2 Maschen zusammenstricken, 3 Maschen stricken, 2 Maschen zusammenstricken. * 2 Maschen zusammenstricken, 6 Maschen stricken, 2 Maschen zusammenstricken *, von * bis * noch 2 x wiederholen = 29 GM.

8.–10. Runde: Stricken.

Den Körper und den Kopf mit Füllwatte ausstopfen.

11. Runde: 2 Maschen zusammenstricken, 1 Masche stricken, 2 Maschen zusammenstricken. * 2 Maschen zusammenstricken, 4 Maschen stricken, 2 Maschen zusammenstricken *, von * bis * noch 2 x wiederholen = 21 GM.

12. Runde: Stricken.

Die Nase mit Füllwatte ausstopfen.

13. Runde: 3 Maschen stricken. * 3 x 2 Maschen zusammenstricken *, von * bis * noch 2 x wiederholen = 12 GM.

14. Runde: 3 + 3 Maschen stricken, 3 Maschen zusammenstricken, 3 Maschen stricken = 10 GM.

Vor dem Zuziehen gegebenenfalls noch etwas Füllwatte nachstopfen.

Den Faden abschneiden und durch die verbleibenden Maschen ziehen.

Die Augen in Gelb mit dem typischen Längsstrich in Schwarz aufsticken.

Die Nase mit Mund in Rosa sticken. Für die Schnurrbarthaare 2 x einen Doppelfaden weißes Stickgarn unter der Nase durchziehen und mit sich selbst verknoten, auf ca. 1,5 cm Länge schneiden.

Die Ohren:

Die Ohren werden in zwei Teilen jeweils in Hin- und Rückreihen gestrickt, die dann unsichtbar aufeinander genäht werden.

Für das Außenohr mit schwarzem Garn 9 Maschen seitlich am Kopf aufnehmen.

1. Reihe: 9 Maschen links stricken.
2. Reihe: 9 Maschen rechts stricken.
3. Reihe: Links stricken.
4. Reihe: Rechts stricken.
5. Reihe: 2 Maschen links zusammenstricken, 5 Maschen links stricken, 2 Maschen links zusammenstricken = 7 M.
6. Reihe: Rechts stricken.
7. Reihe: 2 Maschen links zusammenstricken, 3 Maschen links zusammenstricken, 2 Maschen links zusammenstricken = 3 M.
8. Reihe: Rechts stricken.
9. Reihe: 3 Maschen links zusammenstricken. Den Faden durchziehen.

Für das Innenohr direkt an der Innenseite des Außenohrs 7 Maschen mit dem roséfarbenen Mohairgarn aufnehmen.

1. Reihe: Links stricken.
2. Reihe: Rechts stricken.
3. Reihe: Links stricken.
4. Reihe: 2 Maschen zusammenstricken, 3 Maschen stricken, 2 Maschen zusammenstricken = 5 M.
5. Reihe: Links stricken.
6. Reihe: Rechts stricken.
7. Reihe: 2 Maschen links zusammenstricken, 1 Masche links stricken, 2 Maschen links zusammenstricken = 3 M.
8. Reihe: 3 Maschen rechts zusammenstricken. Den Faden durchziehen.

Mit dem roséfarbenen Garn das Innenohr unsichtbar an dem Außenohr festnähen.

Das 2. Ohr in gleicher Weise stricken.

Die Strickschrift Außenohr Kater und die Strickschrift Innenohr Kater stellen jeweils alle Maschen dar.

Strickschrift Außenohr Kater

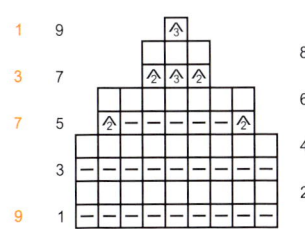

Strickschrift Innenohr Kater

87

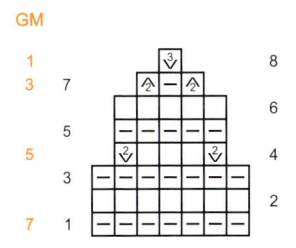

HUND AMY

Material

- ca. 25 g Sockengarn in Beige
  (80 % Super Merino, 20 % Nylon, LL 110 m/50 g)
- Stickgarn in Schwarz
- ca. 10 g Füllwatte
- Nadelspiel 2,5 mm

So wird's gemacht

Der Körper mit Hinterkopf:

Den Baustein Körper von 1.–44. Runde nach Anleitung stricken.

45. Runde: 17 Maschen stricken, dann die 9 zuletzt gestrickten Maschen (1. + 2. Masche/4. Nadel, 5 Maschen/3. Nadel, 4. + 5. Masche/2. Nadel) stilllegen.

Die übrigen 11 Maschen für den Hinterkopf verwenden:

3.–5. Masche/4. Nadel, 5 Maschen/1. Nadel, 1.–3. Masche/2. Nadel = 11 M.

1. Reihe/Hinterkopf: 1 Masche stricken, 1 Masche zunehmen, 1 Masche stricken, 1 Masche zunehmen, 2 Maschen stricken, * 1 Masche zunehmen, 1 Masche stricken *, von * bis * noch 3 x wiederholen, 1 Masche stricken, 1 Masche zunehmen, 1 Masche stricken, 1 Masche zunehmen, 1 Masche stricken = 19 M.

2.–25. Runde: Nach Anleitung Hinterkopf stricken.

Die Beine & Füße:

Die Beine mit jeweils 20 Runden und mit anschließendem Sockenfuß stricken.

Die Arme & Hände:

Die Arme mit jeweils 20 Runden und mit anschließender Ohne-Daumen-Hand stricken.

Die Rute:

Es werden alle Maschen auf allen Nadeln beschrieben.

1.–5. Runde: Zur Runde schließen und stricken = 10 GM.

6. Runde: 5 Maschen rechts-links-rechts stricken, 2 Maschen zusammenstricken, 1 Masche stricken, 2 Maschen zusammenstricken = 8 GM.

7. Runde: Stricken.

8. Runde: 5 Masche rechts-links-rechts stricken, 3 Maschen stricken.

9.–15. Runde: Stricken.

Die Rute mit etwas Füllwatte ausstopfen.

16. Runde: 4 x 2 Maschen zusammenstricken = 4 GM.

Den Faden abschneiden und durch die verbleibenden Maschen ziehen.

Die Strickschrift Rute Hund stellt alle Maschen auf allen Nadeln dar.

Strickschrift Rute Hund

Das Gesicht:

Das Gesicht vom Hund wird in zwei Teilen Ober- und Unterkiefer gestrickt, die anschließend zusammengenäht werden.

Für den oberen Teil des Hundegesichts bleiben die Maschen der 3. Nadel weiterhin stillgelegt.

Es wird in Hin- und Rückreihen und verkürzten Reihen gestrickt. Es werden alle Maschen der 4., 1. und 2. Nadel beschrieben.

Oberkiefer:

Reihenbeginn: 1. Masche/4. Nadel.

1.–14. Reihe: Nach Anleitung Oberkiefer Wolf stricken.

15. Reihe: 1 Masche stricken, 1 Masche zunehmen, 1 Masche stricken, 1 Masche zunehmen, 6 Maschen stricken, 1 Masche links stricken, 5 Maschen stricken, 1 Masche links stricken, 6 Maschen stricken, 1 Masche zunehmen, 1 Masche stricken, 1 Masche zunehmen, 1 Masche stricken = 27 M.

16. Reihe: 10 Maschen links stricken, 1 Masche rechts stricken, 5 Maschen links stricken, 1 Masche rechts stricken, 10 Maschen links stricken.

17. Reihe: 2 Maschen zusammenstricken, 8 Maschen stricken, 1 Masche links stricken, 5 Maschen stricken, 1 Masche links stricken, 8 Maschen stricken, 2 Maschen zusammenstricken = 25 M.

18. Reihe: 2 Maschen links zusammenstricken, 7 Maschen links stricken, 1 Masche rechts stricken, 5 Maschen links stricken, 1 Masche rechts stricken, 7 Maschen links stricken, 2 Maschen links zusammenstricken = 23 M.

19. Reihe: 1 Masche stricken, 2 Maschen zusammenstricken, 3 Maschen stricken, 2 Maschen zusammenstricken, 1 Masche links stricken, 2 Maschen zusammenstricken, 1 Masche stricken, 2 Maschen zusammenstricken, 1 Masche links stricken, 2 Maschen zusammenstricken, 3 Maschen stricken, 2 Maschen zusammenstricken, 1 Masche stricken = 17 M.

20. Reihe: 1 Masche links stricken, 2 Maschen links zusammenstricken, 1 Masche links stricken, 2 Maschen links zusammenstricken, 1 Masche rechts stricken, 3 Maschen links stricken, 1 Masche rechts stricken, 2 Maschen links zusammenstricken, 1 Masche links stricken, 2 Maschen links zusammenstricken, 1 Masche links stricken = 13 M.

21. Reihe: 1 Masche stricken, 2 Maschen zusammenstricken, 1 Masche stricken, 1 Masche links stricken, 3 Maschen zusammenstricken, 1 Masche links stricken, 1 Masche stricken, 2 Maschen zusammenstricken, 1 Masche stricken = 9 M.

Die restlichen Maschen links abketten.

Den Körper und den Kopf mit Füllwatte ausstopfen.

Die Strickschrift Oberkiefer Hund stellt alle Maschen der 4., 1. und 2. Nadel ab der 15. Runde dar.

Strickschrift Oberkiefer Hund

89

Unterkiefer:

1.–11. Reihe: Nach Anleitung Unterkiefer Wolf arbeiten.

Dann alle Maschen links abketten.

Die Schnauze mit Füllwatte ausstopfen.

Den Unterkiefer so an den Oberkiefer annähen, dass die Lefzen überhängen.

Die Augen und die Dreiecks-Nase in Schwarz aufsticken.

Die Ohren:

Für die Anleitung und die Strickschrift gilt: 1. + 2. Nadel = 1. Nadel, 3. + 4. Nadel = 2. Nadel.

Es werden die Maschen der 1. Nadel beschrieben und auf der 2. Nadel wiederholt.

Für ein Ohr quer am Kopf, 2 x 8 Maschen aufnehmen.

1.–10. Runde: Zur Runde schließen und stricken = 16 GM.

11. Runde: 2 Maschen zusammenstricken, 6 Maschen stricken = 14 GM.

12. Runde: Stricken.

13. Runde: 5 Maschen stricken, 2 Maschen zusammenstricken = 12 GM.

14. Runde: Stricken.

15. Runde: 3 x 2 Maschen zusammenstricken = 6 GM.

Den Faden abschneiden und durch die verbleibenden Maschen ziehen.

Das 2. Ohr in gleicher Weise stricken.

Die Strickschrift Ohr Hund stellt alle Maschen der 1. Nadel dar.

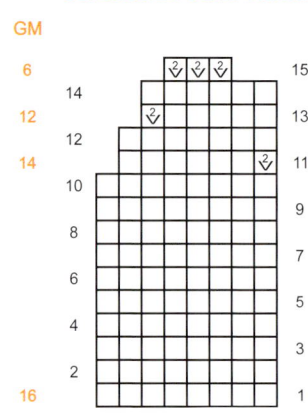

Strickschrift Ohr Hund

90

91

ZWEI FREUNDE AUS DEN WÄLDERN
TONI BÄR & PANDA BÄR

Bär • Gesamtgröße ca. 19 cm | Panda Bär • Gesamtgröße ca. 17 cm

TONI BÄR

Material
- ca. 30 g dünnes Alpakagarn in Dunkelbraun (100 % Alpaka, LL 180 m/50 g)
- ca. 2 g dünnes Mohairgarn in Mittelbraun (20 % Kid Mohair, 57 % Merino, 23 % Polyamid, LL 400 m/50 g)
- Stickgarn in Schwarz und Mittelbraun
- ca. 10 g Füllwatte
- Nadelspiel 2,5 mm

So wird's gemacht

Der Körper mit Hinterkopf:
Den Baustein Körper nach Anleitung und direkt anschließend den Baustein Hinterkopf in Dunkelbraun stricken.

Die Beine & Füße:
Die Beine mit jeweils 15 Runden und mit anschließendem Sockenfuß in Dunkelbraun stricken.

Die Arme & Hände:
Die Arme mit jeweils 15 Runden und mit anschließender Ohne-Daumen-Hand in Dunkelbraun stricken.

Das Stummelschwänzchen:
Für die Anleitung gilt: 1. + 2. Nadel = 1. Nadel, 3. + 4. Nadel = 2. Nadel. Es werden die Maschen der 1. Nadel beschrieben und auf der 2. Nadel wiederholt.
In Dunkelbraun stricken.
1.–4. Runde: Zur Runde schließen und stricken = 10 GM.
5. Runde: 2 Maschen zusammenstricken, 1 Masche stricken, 2 Maschen zusammenstricken = 6 GM.
Das Schwänzchen nicht mit Füllwatte ausstopfen.
Den Faden abschneiden und durch die verbleibenden Maschen ziehen.

93

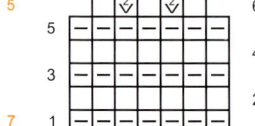

Das Gesicht:

Die stillgelegten Maschen auf ein Nadelspiel heben
Es werden alle zu strickenden Maschen beschrieben.
In Dunkelbraun stricken.

Aufnahmerunde: 9 Maschen stricken, 8 Maschen seitlich aufnehmen, 4 + 9 + 4 Maschen stricken, 8 Maschen seitlich aufnehmen. 9/12/9/12 = 42 GM.

1.–7. Runde: Zur Runde schließen und stricken.
8. Runde: Wie 3. Runde-Augenpartie stricken. 9/10/9/10 = 38 GM.
9. Runde: Wie 4. Runde-Augenpartie stricken. 9/9/9/9 = 36 GM.
10. Runde: Stricken.
11. Runde: * 1 Masche stricken, 2 Maschen zusammenstricken, 3 Maschen stricken, 2 Maschen zusammenstricken, 1 Masche stricken *, von * bis * noch 3 x wiederholen = 28 GM.
12. Runde: Stricken.

Den Körper und den Kopf mit Füllwatte ausstopfen.

Es werden verkürzte Runden gestrickt. Es werden nur die zu strickenden Maschen beschrieben.

13. Runde: 14 Maschen rechts stricken, Maschen der 3. Nadel stilllegen. Arbeit wenden. 21 Maschen links stricken. Arbeit wenden. 21 Maschen rechts stricken, 1. Masche/3. Nadel rechts stricken. Arbeit wenden. 1. Masche/3. Nadel links stricken, 21 Maschen links stricken, letzte Masche/3. Nadel links stricken. Arbeit wenden. Letzte Masche/3. Nadel und 7 Maschen der 4. Nadel rechts stricken.
14.–15. Runde: Wieder in Runden stricken.

Die Nase mit Füllwatte ausstopfen.

16. Runde: 14 x 2 Maschen zusammenstricken = 14 GM.

Vor dem Zuziehen gegebenenfalls noch etwas Füllwatte nachstopfen.

Den Faden abschneiden und durch die verbleibenden Maschen ziehen.

Die Augen in Schwarz und die Nase und den Mund in Mittelbraun aufsticken.

Die Ohren:

Die Ohren werden in zwei Teilen jeweils in Hin- und Rückreihen gestrickt, die dann unsichtbar aufeinander genäht werden.

Für ein Außenohr mit dunkelbraunem Alpakagarn 7 Maschen aufnehmen. 3 Maschen auf dem Kopf, 4 Maschen seitlich.
1. Reihe: 7 Maschen links stricken.
2. Reihe: 7 Maschen rechts stricken.
3.–5. Reihe: In Rück- und Hinreihen stricken.
6. Reihe: 1 Masche stricken, 2 Maschen zusammenstricken, 1 Masche stricken, 2 Maschen zusammenstricken, 1 Masche stricken = 5 M.
Die Maschen links abketten.

Für ein Innenohr mit mittelbraunem Mohairgarn direkt an der Innenseite des Außenohrs 6 Maschen aufnehmen.
1. Reihe: 6 Maschen links stricken.
2. Reihe: 6 Maschen rechts stricken.
3. Reihe: Links stricken.
4. Reihe: Rechts stricken.
5. Reihe: 1 Masche links stricken, 2 x 2 Maschen links zusammenstricken, 1 Masche links stricken = 4 M.
Die Maschen rechts abketten.
Dann das Innenohr mit mittelbraunem Mohairfaden unsichtbar auf das Außenohr nähen.

Das 2. Ohr in gleicher Weise arbeiten. Zwischen den Ohren ca. 5 Maschen Abstand.

Die Strickschrift Außenohr Bär und Strickschrift Innenohr Bär stellen jeweils alle Maschen dar.

Strickschrift Außenohr Bär
Strickschrift Innenohr Bär

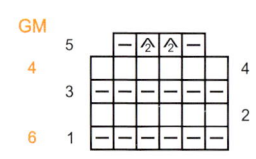

PANDA BÄR

Material
- ca. 30 g Softkidmohairgarn in Weiß und Schwarz
  (70 % Super Kid Mohair, 25 % Polyamid, 5 % Schurwolle, LL 138 m/25 g)
- Stickgarn in Schwarz
- ca. 10 g Füllwatte
- Nadelspiel 2,5 mm

So wird's gemacht

Der Körper:
Den Körper nach von 1.–45. Runde nach Anleitung stricken.

1.–28. Runde: In Weiß stricken.

29.–41. Runde: In Schwarz stricken.

ab 42. Runde: In Weiß stricken.

43. Runde: Nicht abnehmen. 7/7/7/7 = 28 GM.

44. Runde: Stricken.

Ab hier beginnt der Kopf.

45. Runde: 7 + 7 + 7 + 3 Maschen stricken, dann die 13 zuletzt gestrickten Maschen stilllegen.

Der Hinterkopf:
Reihenbeginn: 4. Masche/4. Nadel:

1. Reihe: 3 Maschen stricken, 1 Masche zunehmen, 2 Maschen stricken, 1 Masche zunehmen, 5 Maschen stricken, 1 Masche zunehmen, 2 Maschen stricken, 1 Masche zunehmen, 3 Maschen stricken = 19 M.

2.–28. Reihe: Nach Strickschrift Hinterkopf arbeiten.

Die Beine & Füße:
Die Beine in Schwarz mit jeweils 12 Runden und mit anschließendem Sockenfuß stricken.

Die Arme & Hände:
Die Arme in Schwarz stricken.

Für die Anleitung gilt: 1. + 2. Nadel = 1. Nadel, 3. + 4. Nadel = 2. Nadel. Es werden die Maschen der 1. Nadel beschrieben und auf der 2. Nadel wiederholt.

1.–4. Runde: Stricken.

5. Runde: 1 Masche stricken, 1 Masche zunehmen, 3 Maschen stricken, 1 Masche zunehmen, 1 Masche stricken = 14 GM.

6.–15. Runde: Stricken.

Maschenaufnahme für die Ohne-Daumen-Hand:

1. Runde: 1 Masche stricken, 1 Masche zunehmen, 1 Masche stricken, 1 Masche zunehmen, 3 Maschen stricken, 1 Masche zunehmen, 1 Masche stricken, 1 Masche zunehmen, 1 Masche stricken = 22 GM.

2.–9. Runde: Nach Strickschrift Ohne-Daumen-Hand weiterarbeiten.

Das Stummelschwänzchen:

Das Schwänzchen nach Anleitung Stummelschwänzchen Bär in Weiß stricken.

Das Gesicht:

Stillgelegte Maschen 9/2/9/2 = 22 GM.
Die stillgelegten Maschen auf ein Nadelspiel heben.
Es werden verkürzte Runden gestrickt.

1. Runde: Aufnahmerunde. 9 Maschen stricken, 9 Maschen aufnehmen, 1 Masche stricken, 1 Masche zunehmen, 1 Masche stricken, 9 Maschen stricken, 1 Masche stricken, 1 Masche zunehmen, 1 Masche stricken, 9 Maschen aufnehmen. 9/12/9/12 = 42 GM.

2. Runde: 21 Maschen rechts stricken, Arbeit wenden.

3. Runde: 30 Maschen links stricken, Arbeit wenden.

4. Runde: 30 + 1 Masche rechts stricken, Arbeit wenden.

5. Runde: 1 + 30 + 1 Masche links stricken, Arbeit wenden, 1 + 12 Maschen rechts stricken.

6. Runde: 21 Maschen stricken, 2 Maschen zusammenstricken, 5 Maschen stricken, 2 Maschen zusammenstricken, 12 Maschen stricken = 40 GM.

7. Runde: 19 Maschen stricken, 2 Maschen rechts zusammenstricken, Arbeit wenden.

8. Runde: 30 Maschen links stricken, 2 Maschen links zusammenstricken. Arbeit wenden. 11 Maschen rechts stricken. 9/11/7/11 = 38 GM.

Den Körper und den Kopf mit Füllwatte ausstopfen.

Für die typischen schwarzen Augenflecken 2 x 80 cm von dem schwarzen Mohairgarn abschneiden und für jeweils einen Augenfleck verwenden.

Die mintfarbenen Maschen werden mit schwarzem Garn gestrickt.

9. Runde: Diese Runde wird in verkürzten Hin- und Rückreihen beschrieben. Es werden nur die zu strickenden Maschen beschrieben.

1. Reihe: Die letzte Masche/4. Nadel mit 1. Masche/1. Nadel rechts zusammenstricken, 7 Maschen rechts stricken, 2 Maschen rechts zusammenstricken, Arbeit wenden.

2. Reihe: 8 Maschen links stricken, 2 Maschen links zusammenstricken, Arbeit wenden.

3. Reihe: 2 + 5 + 1 Masche rechts stricken, 2 Maschen rechts zusammenstricken, Arbeit wenden.

4. Reihe: 3 + 3 + 2 Maschen links stricken, 2 Maschen links zusammenstricken, Arbeit wenden.

5. Reihe: 3 + 3 + 2 Maschen rechts stricken, 2 Maschen rechts zusammenstricken, Arbeit wenden.

6.–8. Reihe: Wie 4. + 5. Reihe stricken.

9. Reihe: 3 + 3 + 2 Maschen rechts stricken, 2 Maschen rechts zusammenstricken, wieder zur Runde schließen, 6 + 7 + 6 Maschen rechts stricken.

Die Strickschrift 9. Runde/Augenpartie Panda stellt die Maschen der 4., 1. und 2. Nadel dar.

Strickschrift 9. Runde/Augenpartie Panda

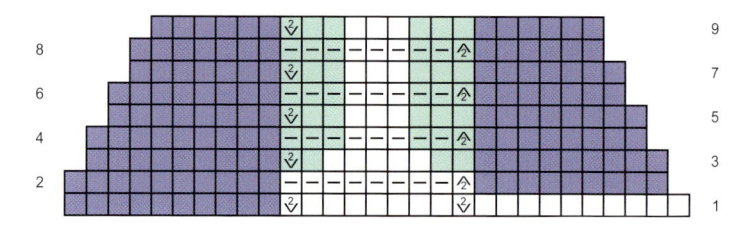

10. Runde: 2 + 5 + 2 Maschen stricken, 6 Maschen stricken, 2 Maschen zusammenstricken, 3 Maschen stricken, 2 Maschen zusammenstricken, 6 Maschen stricken = 9/6/5/6 = 26 GM.

11. Runde: 2 Maschen zusammenstricken, 5 Maschen stricken, 2 Maschen zusammenstricken, 17 Maschen stricken. 7/6/5/6 = 24 GM.

12.–18. Runde: Stricken.

Die Nase mit Füllwatte ausstopfen.

19. Runde: 2 Maschen zusammenstricken, 3 Maschen stricken, 2 Maschen zusammenstricken, 4 Maschen stricken, 2 Maschen zusammenstricken, 5 Maschen stricken, 2 Maschen zusammenstricken, 4 Maschen stricken. 5/5/5/5 = 20 GM.

Den Faden abschneiden und durch die verbleibenden Maschen ziehen.

Die Augen in den schwarzen Augenflecken mit schwarzem Stickgarn sticken. Die Nase ebenfalls mit schwarzem Stickgarn aufsticken.

Die Ohren:
Für die Anleitung und die Strickschrift gilt: 1. + 2. Nadel = 1. Nadel, 3. + 4. Nadel = 2. Nadel.
Es werden die Maschen der 1. Nadel beschrieben und auf der 2. Nadel wiederholt.
Für ein Ohr mit Schwarz 2 x 7 Maschen aufnehmen. 4 Maschen auf dem Kopf, 3 Maschen seitlich.

1.–4. Runde: Zur Runde schließen und stricken = 14 GM.
5. Runde: 2 Maschen zusammenstricken, 3 Maschen stricken, 2 Maschen zusammenstricken = 10 GM.
6. Runde: 2 Maschen zusammenstricken, 1 Masche stricken, 2 Maschen zusammenstricken = 6 GM.
Die restlichen Maschen gemeinsam abketten.
Das 2. Ohr in gleicher Weise arbeiten. Abstand zwischen den Ohren ca. 3 Maschen.

Die Strickschrift Ohr Panda stellt alle Maschen der 1. Nadel dar.

Strickschrift Ohr Panda
GM

6 — 6
10 — 5
— 4
— 3
— 2
14 — 1

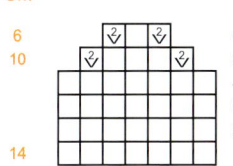

ZWEI FREUNDE AUS DEM ZAUBERLAND
EINI EINHORN & DRACHE LII-CI

Einhorn · Gesamtgröße ca. 25 cm | Drache · Gesamtgröße ca. 23 cm

EINI EINHORN

Material
- ca. 40 g Flausch-Sockengarn in Weiß (39 % Schurwolle, 61 % Polyamid, LL125 m/ 50 g)
- ca. 10 g Baumwollgarn in Silber-Grau (60 % Baumwolle, 40 % Viscose, LL 125 m/50 g)
- ca. 4 g Mohairgarn in Rosé (70 % Super Kid Mohair, 30 % Seide, LL 210 m/25g)
- Stickgarn in Schwarz
- ca. 20 g Füllwatte
- Nadelspiel 2,5 mm und 3,0 mm

Das Baukasten-Prinzip lässt sich problemlos auf Garne, die mit größerer Nadelstärke gestrickt werden, übertragen.
Als Beispiel hierfür haben sich zwei magische Freunde aus dem Zauberwald gefunden.

So wird's gemacht

Der Körper mit Hinterkopf:

Den Körper mit weißem Flausch-Sockengarn nach Baustein Körper stricken. Allerdings nach der 32. Runde 3 Zusatzrunden stricken, dann ab 33. Runde nach Anleitung weiter arbeiten.
Direkt anschließend den Baustein Hinterkopf stricken.

Die Beine & Füße:

Die Beine mit jeweils 25 Runden stricken.
Anschließend den Baustein Huffuß in silber-grauem Baumwollgarn stricken.
Das 2. Bein mit Huffuß in gleicher Weise stricken.

Die Arme & Hände:

Die Arme mit jeweils 23 Runden stricken.
Anschließend den Baustein Hufhand in silber-grauem Baumwollgarn stricken.
Den 2. Arm mit Hufhand in gleicher Weise arbeiten.

Der Schweif:

1.–3. Runde: Mit weißem Flausch-Sockengarn wie beim Pferd stricken.
Den Schweif mit silber-grauem Baumwollgarn genauso arbeiten wie den Pferdeschweif. Das Baumwollgarn ca. 8 cm lang abschneiden.

99

Das Gesicht:

Das Gesicht wir genauso wie das vom Pferd gearbeitet.

1.–11. Runde: In weißem Flausch-Sockengarn stricken.

12.–25. Runde: In silber-grauem Baumwollgarn stricken.

Die Augen mit schwarzem Stickgarn aufsticken.

Die Ohren:

Die Ohren werden in zwei Teilen jeweils in Hin- und Rückreihen gestrickt, die dann unsichtbar aufeinander genäht werden.

Für ein Außenohr mit Nadelspiel 2,5 mm und mit weißem Flausch-Sockengarn 5 Maschen aufnehmen. 3 Maschen auf dem Kopf, 2 Maschen seitlich.

1. Reihe: 5 Maschen links stricken.

2. Reihe: 5 Maschen rechts stricken.

3. Reihe: 2 Maschen links stricken, 1 Masche links zunehmen, 3 Maschen links stricken = 6 M.

4.–7. Reihe: In Hin- und Rückreihen stricken.

8. Reihe: 2 Maschen stricken, 2 Maschen rechts zusammenstricken, 2 Maschen stricken = 5 M.

9. Reihe: 2 Maschen links zusammenstricken, 1 Masche links stricken, 2 Maschen links zusammenstricken = 3 M.

10. Reihe: 3 Maschen rechts zusammenstricken.

Für ein Innenohr mit doppeltem Mohairgarn und Nadelspiel 2,5 mm direkt an der Innenseite des Außenohrs 5 Maschen aufnehmen.

1. Reihe: 5 Maschen links stricken.

2. Reihe: 5 Maschen rechts stricken.

3.–5. Reihe: In Rück- und Hinreihe stricken.

6. Reihe: 1 Masche rechts stricken, 3 Maschen rechts zusammenstricken, 1 Masche rechts stricken = 3 M.

7. Reihe: Links stricken.

8. Reihe: 3 Maschen rechts zusammenstricken = 1 M. Den Faden durchziehen.

Mit dem rosèfarbenen Mohairfaden das Innenohr unsichtbar auf das Außenohr nähen.

Das 2. Ohr in gleicher Weise stricken. Zwischen den Ohren ca. 4 Maschen Abstand lassen.

Die Strickschriften Außenohr Einhorn und Innenohr Einhorn stellt jeweils alle Maschen dar.

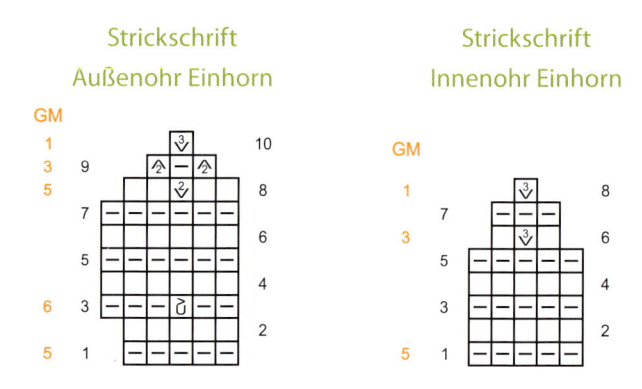

Strickschrift Außenohr Einhorn

Strickschrift Innenohr Einhorn

Die Mähne:

Die Mähne in silber-grauem Baumwollgarn genauso arbeiten wie beim Pferd. Die Mähne ca. 3 cm lang abschneiden.

Das Horn:

Für das Horn oben, mittig auf der Stirn 4 x 2 Maschen mit silber-grauem Garn aufnehmen.

1. Runde: Zur Runde schließen und stricken.

2.–7. Runde: Stricken = 8 GM.

8. Runde: 2 Maschen stricken, 2 Maschen zusammenstricken, 2 Maschen stricken, 2 Maschen zusammenstricken = 6 GM.

Den Faden abschneiden und durch die verbleibenden Maschen ziehen.

Das Horn nicht mit Füllwatte ausstopfen.

DRACHE LII-CI

Material
- ca. 35 g Sockengarn in Grün-Blau meliert und ca. 10 g in Hellgrün
  (75 % Wolle, 25 % Polyamid, LL 420 m/100 g)
- ca. 10 g dünnes Häkel-Lurexgarn in Gold
  (65 % Viscose, 35 % metall. Polyester, LL 175 m/25 g)
- Stickgarn in Schwarz
- ca. 15 g Füllwatte
- Nadelspiel 3,0 mm und 2,5 mm
- Häkelnadel 2,5 mm

So wird's gemacht
Der Drache wird mit einem Faden meliertem, bzw. hellgrünem Sockengarn und 1 Faden dünnem goldenen Häkelgarn gestrickt. Nur die Innenflügel und die Innenohren werden mit 1 Faden hellgrünem Sockengarn gestrickt.

Der Körper mit Hinterkopf:
Den Baustein Körper nach Anleitung stricken.
Nur in der 15. Runde die Maschen für den Schwanz herausarbeiten. In der 18. Runde keine Maschen für den Schwanz herausstricken. Nach der 32. Runde 3 Zusatzrunden stricken, dann ab 33. Runde nach Anleitung weiter arbeiten.
Anschließend den Baustein Hinterkopf direkt anstricken.

Die Beine & Füße:
Die Beine mit jeweils 20 Runden und mit anschließendem Sockenfuß stricken.

Die Arme & Hände:
Die Arme mit jeweils 20 Runden und mit anschließender 4-Finger-Hand stricken.

Der Drachenschwanz:
In der 1.–35. Runde wird der Schwanz mit der gleichen Garnkombination gearbeitet wie der Körper. Für die Schwanzspitze wird ab der 36. Runde bis zum Ende mit 1 Goldfaden und 1 Faden hellgrünem Sockengarn gestrickt. Der Schwanz kann mit Füllwatte ausgestopft werden.

Für den Schwanz werden die Maschen so aufgenommen, dass dieser einen dreieckigen Querschnitt hat. Die 1. Aufnahmemasche ist oberhalb der 5. stillgelegten Masche. Insgesamt 9 Maschen aufnehmen. Siehe Schema.

Maschenaufnahme für den Drachenschwanz

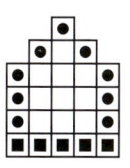

Es werden alle Maschen auf allen Nadeln beschrieben.

Rundenbeginn: Die 5 stillgelegten Maschen auf eine Nadel überheben und stricken. Dann 9 Maschen aufnehmen.

1.–15. Runde: Zur Runde schließen und stricken = 14 GM.

16. Runde: 5 Maschen stricken, 2 Maschen zusammenstricken, 5 Maschen stricken, 2 Maschen zusammenstricken = 12 GM.

17.–25. Runde: Stricken.

26. Runde: 5 Maschen stricken, 2 Maschen zusammenstricken, 3 Maschen stricken, 2 Maschen zusammenstricken = 10 GM.

Ab hier gilt: 1. + 2. Nadel = 1. Nadel. und 3. + 4. Nadel = 2. Nadel. Es werden die Maschen der 1. Nadel beschrieben und auf der 2. Nadel wiederholt.

27.–35. Runde: Stricken.

36. Runde: Für die Schwanzspitze zu hellgrünem Sockengarn wechseln, das goldene Häkelgarn weiterlaufen lassen, alle Maschen stricken.

37. Runde: * Aus der nächsten Masche 2 Maschen herausstricken *, von * bis * noch 1 x wiederholen, 1 Masche stricken, * aus der nächsten Masche 2 Maschen herausstricken *, von * bis * noch 1 x wiederholen = 18 GM.

38.–39. Runde: Stricken.

40. Runde: 2 Maschen zusammenstricken, 5 Maschen stricken, 2 Maschen zusammenstricken = 14 GM.

41. Runde: 2 Maschen zusammenstricken, 3 Maschen stricken, 2 Maschen zusammenstricken = 10 GM.

42. Runde: 2 Maschen zusammenstricken, 1 Masche stricken, 2 Maschen zusammenstricken = 6 GM.

43. Runde: 3 Maschen zusammenstricken = 2 GM.

Die letzten 2 Maschen abketten.

Der Schwanz wird nicht mit Füllwatte ausgestopft.

Das Gesicht:

Die stillgelegten Maschen auf ein Nadelspiel heben.

1.–15. Runde: Nach Anleitung Affen-Gesicht stricken. Dabei aber folgendes beachten:

1.–4. Runde: Mit 1 Faden meliertem Sockengarn und 1 Faden Häkelgarn in Gold stricken.

5. Runde: 29 Maschen mit obiger Fadenkombination stricken, dann die letzten 3 Maschen mit 1 Faden hellgrünem Sockengarn und 1 Faden Häkelgarn in Gold stricken. Bis zum Ende der Nase mit diesen Garnen stricken.

Maschenverteilung nach 15. Runde: 13/1/13/1 = 28 GM.

Den Körper und den Kopf mit Füllwatte ausstopfen.

16. Runde: 13 + 1 Maschen stricken, 2 Maschen zusammenstricken, 3 Maschen stricken, 3 Maschen zusammenstricken, 3 Maschen stricken, 2 Maschen zusammenstricken, 1 Masche stricken 13/1/9/1 = 24 GM.

17. Runde: 13 Maschen stricken, 2 Maschen zusammenstricken, 7 Maschen stricken, 2 Maschen zusammenstricken. 13/0/9/0 = 22 GM. Die Gesamtmaschen verteilen sich auf 2 Nadeln. 13 M/1. Nadel, 9 Maschen/2. Nadel.

18. Runde: *1. Nadel:* 13 Maschen stricken, *2. Nadel:* 2 Maschen zusammenstricken, 1 Masche stricken, 3 Maschen zusammenstricken, 1 Masche stricken, 2 Maschen zusammenstricken. 13/5 = 18 GM.

Dann nur auf der 2. Nadel links zurückstricken:

1. Masche abheben, 1 Masche links stricken, 1. Masche überheben, 2 x 2 Maschen links zusammenstricken. Arbeit wenden. 1. Masche abheben, 2 Maschen rechts zusammenstricken, 1. Masche überheben. Der Faden abscheiden und durchziehen. Das ist die Unterlippe. Die Nase mit Füllwatte ausstopfen.

Für die Oberlippe sind auf der 1. Nadel noch 13 Maschen übrig. Diese werden auf 3 Nadeln umverteilt: 5/3/5 = 13 M. Die Oberlippe wird in verkürzten Hin- und Rückreihen glatt rechts zu Ende gestrickt. Es werden nur die zu strickenden Maschen beschrieben.

Reihenbeginn: 1. Masche der 3er-Nadel.

1. Reihe: 2 Maschen rechts stricken, 2 Maschen zusammenstricken = 12 M. Arbeit wenden.

2. Reihe: 2 Maschen links stricken, 2 Maschen links zusammenstricken = 11 M. Arbeit wenden.

3. Reihe: 2 Maschen rechts stricken, 2 Maschen zusammenstricken = 10 M. Arbeit wenden.

4. Reihe: 2 Maschen links stricken, 2 Maschen links zusammenstricken = 9 M. Arbeit wenden.
5. Reihe: 2 Maschen rechts stricken, 2 Maschen zusammenstricken = 8 M. Arbeit wenden.
6. Reihe: 2 Maschen links stricken, 2 Maschen links zusammenstricken = 7 M. Arbeit wenden.
7. Reihe: 2 Maschen rechts stricken, 2 Maschen zusammenstricken = 6 M. Arbeit wenden.
8. Reihe: 2 Maschen links stricken, 2 Maschen links zusammenstricken = 5 M. Arbeit wenden.
9. Reihe: 4 Maschen rechts stricken.
10. Reihe: 5 Maschen links stricken.
11. Reihe: 5 Maschen rechts stricken.
12. Reihe: 5 Maschen links stricken.
Dann 5 Maschen rechts abketten.
Vor dem Zuziehen gegebenenfalls noch etwas Füllwatte nachstopfen.
Die Oberlippe so in die Unterlippe einstecken, dass die Unterlippe übersteht, dann unsichtbar zusammennähen.

Die Strickschrift Oberlippe Drache stellt alle Maschen der 3 Nadeln dar.

Strickschrift Oberlippe Drache

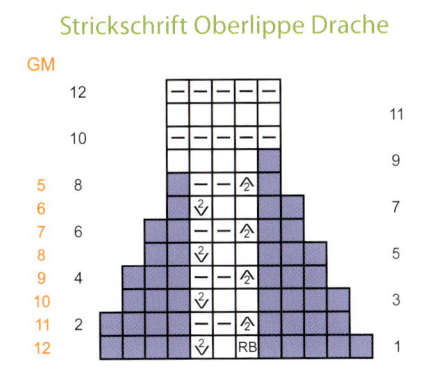

Die Augen mit schwarzem Stickgarn aufsticken.

Die Hörner:
Die 2 Hörner sitzen ganz oben auf dem Kopf. Die Maschen für ein Horn werden jeweils im Quadrat aufgenommen. Siehe Schema.

Maschenaufnahme für das Drachenhorn

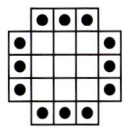

Die Hörner werden mit 1 Faden hellgrünem Sockengarn und 1 Faden Häklegarn in Gold gestrickt und nicht mit Füllwatte ausgestopft.
Die Angaben werden für die 1. Nadel beschrieben, und auf den übrigen 3 Nadeln wiederholt.
1. Runde: Zur Runde schließen und stricken = 12 GM.
2.–3. Runde: Stricken.
4. Runde: 1 Masche stricken, 2 Maschen zusammenstricken = 8 GM.
5.–6. Runde. Stricken.
7. Runde: 2 Maschen zusammenstricken = 4 GM.
Den Faden abscheiden und durch die verbleibenden Maschen ziehen.

Die Strickschrift Horn Drache stellt alle Maschen der 1. Nadel dar.

Strickschrift Horn Drache

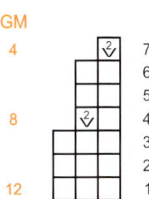

Die Ohren:
Die Ohren werden in zwei Teilen jeweils in Hin- und Rückreihen gestrickt, die dann unsichtbar aufeinander genäht werden.

103

Das Außenohr wird mit einem Faden meliertem Sockengarn und 1 Faden dünnem goldenen Häkelgarn in Hin- und Rückreihen glatt rechts gestrickt.

Für ein Außenohr 5 Maschen senkrecht, seitlich am Kopf aufnehmen.

1. Reihe: Links stricken = 5 M.

2. Reihe: 1 Masche stricken, 1 Masche zunehmen, 3 Maschen stricken, 1 Masche zunehmen, 1 Masche stricken = 7 M.

3.–5. Reihe: In Rück- und Hinreihen stricken.

6. Reihe: 2 Maschen zusammenstricken, 3 Maschen stricken, 2 Maschen zusammenstricken = 5 M.

7.–9. Reihe: In Rück- und Hinreihen stricken.

10. Reihe: 2 Maschen zusammenstricken, 1 Masche stricken, 2 Maschen zusammenstricken = 3 M.

11.–12. Reihe: In Rück- und Hinreihen stricken.

13. Reihe: 3 Maschen links zusammenstricken.

Das Innenohr wird mit einem Faden hellgrünem Sockengarn in gleicher Weise wie das Außenohr gestrickt. Für ein Innenohr 5 Maschen direkt an der Innenseite des Außenohrs aufnehmen. Dann das Innenohr mit hellgrünem Faden unsichtbar auf das Außenohr nähen.

Das 2. Ohr in gleicher Weise arbeiten.

Die Strickschrift Ohr Drache stellt alle Maschen dar.

Strickschrift Ohr Drache

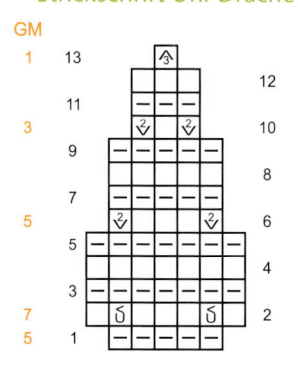

Die Flügel:

Die Flügel werden in zwei Teilen in Hin- und Rückreihen glatt rechts gestrickt, die dann mit doppeltem goldenen Häkelgarn zusammengehäkelt werden.

Der Außenflügel wird mit einem Faden melierten Sockengarn und 1 Faden dünnem Häkelgarn in Gold mit Nadelspiel 3,0 mm gestrickt.

Der linke Außenflügel:

Für den linken Außenflügel auf dem Rücken links neben der Mittelmasche, von der Schulter in Richtung Schwanz 9 Maschen aufnehmen.

1. Reihe: Maschenaufnahme rechts.

2. Reihe: Alle Maschen links stricken = 9 M.

3. Reihe: 1 Masche stricken, 1 Masche zunehmen, 4 Maschen stricken, 1 Masche zunehmen, 4 Maschen stricken = 11 M.

4. Reihe: Alle Maschen links stricken.

5. Reihe: 1 Masche stricken, 1 Masche zunehmen, 5 Maschen stricken, 1 Masche zunehmen, 5 Maschen stricken = 13 M.

6. Reihe: Alle Maschen links stricken.

7. Reihe: 1 Masche stricken, 1 Masche zunehmen, 6 Maschen stricken, 1 Masche zunehmen, 6 Maschen stricken = 15 M.

8. Reihe: Alle Maschen links stricken.

9. Reihe: 1 Masche stricken, 1 Masche zunehmen, 7 Maschen stricken, 1 Masche zunehmen, 7 Maschen stricken = 17 M.

10. Reihe: Alle Maschen links stricken.

11. Reihe: 1 Masche stricken, 1 Masche zunehmen, 8 Maschen stricken, 1 Masche zunehmen, 8 Maschen stricken = 19 M.

12. Reihe: Alle Maschen links stricken.

13. Reihe: 1 Masche stricken, 1 Masche zunehmen, 9 Maschen stricken, 1 Masche zunehmen, 9 Maschen stricken = 21 M.

14. Reihe: Alle Maschen links stricken.

15. Reihe: 1 Masche stricken, 1 Masche zunehmen, 10 Maschen stricken, 1 Masche zunehmen, 10 Maschen stricken = 23 M.

16. Reihe: Alle Maschen links stricken.

Ab hier werden die 2 Flügelspitzen einzeln zu Ende gestrickt. Es werden verkürzte Reihen gestrickt und nur die zu strickenden Maschen beschrieben.

105

1. Flügelspitze:

17. Reihe: 2 Maschen abketten, 4 Maschen stricken. Arbeit wenden.

18. Reihe: 4 Maschen links stricken, Arbeit wenden.

19. Reihe: 6 Maschen stricken, Arbeit wenden.

20. Reihe: 6 Maschen links stricken, Arbeit wenden.

21. Reihe: 8 Maschen stricken, Arbeit wenden.

22. Reihe: 8 Maschen links stricken, Arbeit wenden.

Dann 11 Maschen rechts abketten. 10 Maschen bleiben auf der Nadel.

2. Flügelspitze:

17. Reihe: 4 Maschen stricken. Arbeit wenden.

18. Reihe: 4 Maschen links stricken, Arbeit wenden.

19. Reihe: 6 Maschen stricken, Arbeit wenden.

20. Reihe: 6 Maschen links stricken, Arbeit wenden.

21. Reihe: 8 Maschen stricken, Arbeit wenden.

22. Reihe: 8 Maschen links stricken, Arbeit wenden.

Dann 10 Maschen rechst abketten, dabei die letzten 2 Maschen gemeinsam abketten.

Die Strickschrift Linker Außenflügel Drache stellt alle Maschen dar.

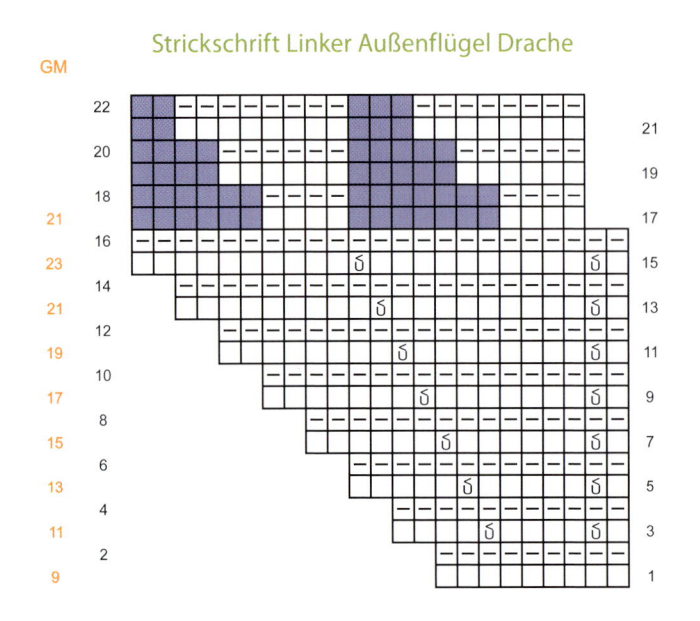

Strickschrift Linker Außenflügel Drache

Der rechte Außenflügel:

Für den rechten Außenflügel auf dem Rücken rechts neben der Mittelmasche, auf gleicher Höhe wie der linke Flügel, vom Schwanz aus in Richtung Schulter 9 Maschen aufnehmen.

1. Reihe: Maschenaufnahme rechts.

2. Reihe: Alle Maschen links stricken = 9 M.

3. Reihe: 4 Maschen stricken, 1 Masche zunehmen, 4 Maschen stricken, 1 Masche zunehmen, 1 Masche stricken = 11 M.

4. Reihe: Alle Maschen links stricken.

5. Reihe: 5 Maschen stricken, 1 Masche zunehmen, 5 Maschen stricken, 1 Masche zunehmen, 1 Masche stricken = 13 M.

6. Reihe: Alle Maschen links stricken.

7. Reihe: 6 Maschen stricken, 1 Masche zunehmen, 6 Maschen stricken, 1 Masche zunehmen, 1 Masche stricken = 15 M.

8. Reihe: Alle Maschen links stricken.

9. Reihe: 7 Maschen stricken, 1 Masche zunehmen, 7 Maschen stricken, 1 Masche zunehmen, 1 Masche stricken = 17 M.

10. Reihe: Alle Maschen links stricken.

11. Reihe: 8 Maschen stricken, 1 Masche zunehmen, 8 Maschen stricken, 1 Masche zunehmen, 1 Masche stricken = 19 M.

12. Reihe: Alle Maschen links stricken.

13. Reihe: 9 Maschen stricken, 1 Masche zunehmen, 9 Maschen stricken, 1 Masche zunehmen, 1 Masche stricken = 21 M.

14. Reihe: Alle Maschen links stricken.

15. Reihe: 10 Maschen stricken, 1 Masche zunehmen 10 Maschen stricken, 1 Masche zunehmen, 1 Masche stricken = 23 M.

16. Reihe: Alle Maschen links stricken.

17. Reihe: Alle Maschen rechts stricken.

Ab hier werden die 2 Flügelspitzen einzeln zu Ende gestrickt. Es werden verkürzte Reihen gestrickt und nur die zu strickenden Maschen beschrieben.

1. Flügelspitze:

18. Reihe: 2 Maschen links abketten. 4 Maschen links stricken. Arbeit wenden.

19. Reihe: 4 Maschen rechts stricken. Arbeit wenden.

20. Reihe: 6 Maschen links stricken. Arbeit wenden.
21. Reihe: 6 Maschen rechts stricken. Arbeit wenden.
22. Reihe: 8 Maschen links stricken. Arbeit wenden.
23. Reihe: 8 Maschen rechts stricken. Arbeit wenden.
Dann 11 Maschen links abketten. 10 Maschen bleiben auf der Nadel.

2. Flügelspitze:
18. Reihe: 4 Maschen links stricken. Arbeit wenden.
19. Reihe: 4 Maschen rechts stricken. Arbeit wenden.
20. Reihe: 6 Maschen links stricken. Arbeit wenden.
21. Reihe: 6 Maschen rechts stricken. Arbeit wenden.
22. Reihe: 8 Maschen links stricken. Arbeit wenden.
23. Reihe: 8 Maschen rechts stricken. Arbeit wenden.
Dann 10 Maschen links abketten, dabei die letzten 2 Maschen gemeinsam abketten.

Die Strickschrift Rechter Außenflügel Drache stellt alle Maschen dar.

Strickschrift Rechter Außenflügel Drache

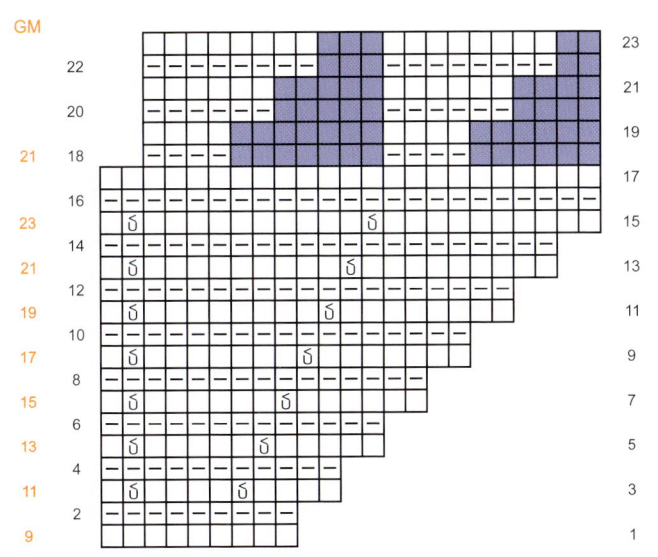

Die Innenflügel:
Die Innenflügel werden mit jeweils einem Faden hellgrünen Sockengarn und Nadelspiel 2,5 mm gestrickt.

Der linke Innenflügel:
1. Reihe: Maschenaufnahme. Direkt an der Innenseite des linken Außenflügels, vom Schwanz aus in Richtung Schulter, 9 Maschen aufnehmen.
2.–16. Reihe: Nach Anleitung Rechter Außenflügel stricken.
17. Reihe: 11 Maschen stricken, 1 Masche zunehmen, 11 Maschen stricken, 1 Masche zunehmen, 1 Masche stricken = 25 M.

1. Flügelspitze:
18. Reihe: 2 Maschen links abketten. 5 Maschen links stricken. Arbeit wenden.
19. Reihe: 5 Maschen rechts stricken. Arbeit wenden.
20. Reihe: 7 Maschen links stricken. Arbeit wenden.
21. Reihe: 7 Maschen rechts stricken. Arbeit wenden.
22. Reihe: 9 Maschen links stricken. Arbeit wenden.
23. Reihe: 9 Maschen rechts stricken. Arbeit wenden.
Dann 12 Maschen links abketten. 11 Maschen verbleiben auf der Nadel.

2. Flügelspitze:
18. Reihe: 5 Maschen links stricken. Arbeit wenden.
19. Reihe: 5 Maschen rechts stricken. Arbeit wenden.
20. Reihe: 7 Maschen links stricken. Arbeit wenden.
21. Reihe: 7 Maschen rechts stricken. Arbeit wenden.
22. Reihe: 9 Maschen links stricken. Arbeit wenden.
23. Reihe: 9 Maschen rechts stricken. Arbeit wenden.
Dann 12 Maschen links abketten, dabei die letzten 2 Maschen gemeinsam abketten.

Die Strickschrift Linker Innenflügel Drache stellt alle Maschen ab der 17. Reihe dar.

Strickschrift Linker Innenflügel Drache

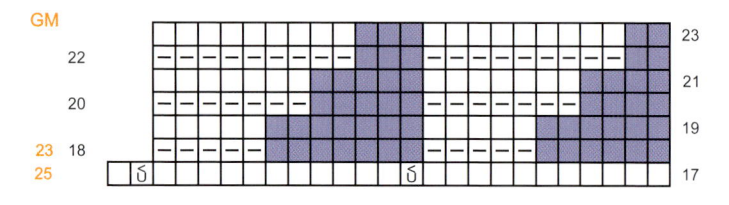

Der rechte Innenflügel:

1. Reihe: Aufnahmereihe. Direkt an der Innenseite des rechten Außenflügels, vom Kopf aus in Richtung Schwanz, 9 Maschen aufnehmen.

2.–16. Reihe: Nach Anleitung Linker Außenflügel stricken.

17. Reihe: 1 Masche stricken, 1 Masche zunehmen, 11 Maschen stricken, 1 Masche zunehmen, 11 Maschen stricken = 25 M.

18. Reihe: Alle Maschen links stricken.

1. Flügelspitze:

19. Reihe: 5 Maschen rechts stricken. Arbeit wenden.
20. Reihe: 5 Maschen links stricken. Arbeit wenden.
21. Reihe: 7 Maschen rechts stricken. Arbeit wenden.
22. Reihe: 7 Maschen links stricken. Arbeit wenden.
23. Reihe: 9 Maschen rechts stricken. Arbeit wenden.
24. Reihe: 9 Maschen links stricken. Arbeit wenden.

Dann 12 Maschen rechts abketten. 11 Maschen verbleiben auf der Nadel.

2. Flügelspitze:

19. Reihe: 5 Maschen rechts stricken. Arbeit wenden.
20. Reihe: 5 Maschen links stricken. Arbeit wenden.
21. Reihe: 7 Maschen rechts stricken. Arbeit wenden.
22. Reihe: 7 Maschen links stricken. Arbeit wenden.
23. Reihe: 9 Maschen rechts stricken. Arbeit wenden.
24. Reihe: 9 Maschen links stricken. Arbeit wenden.

Dann 11 Maschen rechts abketten, dabei die letzten 2 Maschen gemeinsam abketten.

Die Strickschrift Rechter Innenflügel Drache stellt alle Maschen ab der 17. Reihe dar.

Strickschrift Rechter Innenflügel Drache

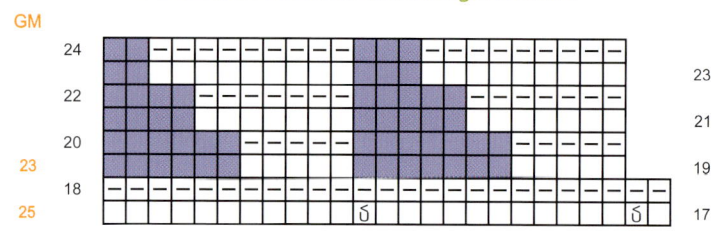

Den Innen- und den Außenflügel mit doppeltem goldenen Faden zusammenhäkeln.

109

Impressum

Konzept, Entwürfe und Realisation: Caprice Birker
Fotografie: Robert Birker
Styling: Caprice Birker
Redaktion: Angelika Klein
Lektorat und technische Zeichnungen:
Arnhilt Tittes
Satz und Umschlaggestaltung: GrafikwerkFreiburg
Reproduktion: Meyle + Müller GmbH & Co. KG, Pforzheim
Druck und Verarbeitung:
Gruppo Editoriale Zanardi SRL, Italy

ISBN 978-3-8410-6128-7
Art.-Nr. OZ6128

2. Auflage 2012

© 2012 Christophorus Verlag GmbH & Co. KG, Freiburg
Alle Rechte vorbehalten

Sämtliche Modelle, Illustrationen und Fotos sind urheberrechtlich geschützt. Jede gewerbliche Nutzung ist untersagt. Dies gilt auch für eine Vervielfältigung bzw. Verbreitung über elektronische Medien.

Autorin und Verlag haben alle Angaben und Anleitungen mit größtmöglicher Sorgfalt zusammengestellt. Dennoch kann bei Fehlern keinerlei Haftung für direkte oder indirekte Folgen übernommen werden.

Die gezeigten Materialien sind zeitlich unverbindlich. Der Verlag übernimmt für Verfügbarkeit und Lieferbarkeit keine Gewähr und Haftung.

Hersteller

Garne

- Buttinette Textil-Versandhaus GmbH, Wertingen, www.basteln-de.buttinette.com
- Coats GmbH, Kenzingen, www.coatsgmbh.de
- Drops Design A/S (DK), www.garnstudio.com
- Filcolana A/S, Kjellerup (DK), www.filcolana.dk
- Ggh, Pinneberg, www.ggh-garn.de
- Hohenloher Wolle GmbH, Wallhausen, www.schoppel-wolle.de
- Junghans Wollversand GmbH & Co. KG, Aachen, www.junghans-wolle.de
- Lana Grossa GmbH, Gaimersheim, www.lanagrossa.de
- Lang Yarns, Korschenbroich, www.langyarns.ch
- ONline Klaus Koch GmbH, Stadtallerndorf, www.online-garne.de
- Schoeller Süssen GmbH, Süssen, www.schoeller-und-stahl.de

Stricknadeln

- Addi, Gustav Selter GmbH & Co. KG, Altena, www.addinadeln.de
- Prym Consumer GmbH, Stollberg, www.prym-consumer.de
- KnitPro www.knitpro.eu

Kreativ-Service

Sie haben Fragen zu den Büchern und Materialien? Frau Erika Noll ist für Sie da und berät Sie rund um alle Kreativthemen. Rufen Sie an! Wir interessieren uns auch für Ihre eigenen Ideen und Anregungen. Sie erreichen Frau Noll per E-Mail: mail@kreativ-service.info oder Tel.: +49 (0) 5052 / 91 18 58 Montag bis Donnerstag: 9–17 Uhr / Freitag: 9–13 Uhr

Besuchen Sie uns im Internet: www.christophorus-verlag.de